21世纪校本课程建设系列

丛书主编 张彦祥

篮球 激扬梦想 阳光沐浴身心

主 编 王雪东 聂博闻
副主编 常志超 樊 星

图书在版编目(CIP)数据

篮球激扬梦想 阳光沐浴身心/王雪东，聂博闻主编.—北京：北京师范大学出版社，2011.9

(21世纪校本课程建设系列)

ISBN 978-7-303-13149-5

Ⅰ.①篮… Ⅱ.①王…②聂… Ⅲ.①篮球运动-小学-教学参考资料 Ⅳ.①G623.83

中国版本图书馆CIP数据核字(2011)第143848号

营销中心电话 010-58802181 58808006
北师大出版社高等教育分社网 http://gaojiao.bnup.com.cn
电子信箱 beishida168@126.com

出版发行：北京师范大学出版社 www.bnup.com.cn
北京新街口外大街19号
邮政编码：100875
印　　刷：北京易丰印刷有限责任公司
经　　销：全国新华书店
开　　本：170 mm × 240 mm
印　　张：11.75
字　　数：155千字
版　　次：2011年9月第1版
印　　次：2011年9月第1次印刷
定　　价：24.00元

策划编辑：郭兴举　　责任编辑：郭兴举
美术编辑：毛　佳　　装帧设计：毛　佳
责任校对：李　菡　　责任印制：李　啸

序

本次国家基础教育课程改革，第一次提出“国家、地方和学校”三级课程管理的概念，第一次赋予中小学课程开发和建设以责任和权力。在这样的教育改革大背景下，各个学校都积极开发具有自身文化特色的校本课程，校本课程建设呈现出“百花齐放、异彩纷呈”的良好局面。校本课程的建设与实施，有力促进学生个性的全面发展，充分满足学生课程的选择权，也为学生特色文化建设提供了一个新的有效载体。许多学校都借助校本课程的开发与建设，打造了学校的文化品牌，形成了学校的特色。

翠微小学是海淀区一所素质教育的优质学校。多年来，学校秉承“个性教育”“适度教育”的教育教学原则，从社区环境和办学实际出发，遵循校本课程开发的基本规律，围绕中国传统民族文化技艺，建设充满活力的校本课程体系，力求以校本课程建设推动育人模式的改革，全面落实翠微小学“明德至翠，笃行于微”校园文化特色，形成注重艺术教育和健体教育的校本课程特色。

学校着力开发了促进学生个性发展规律的校本课程，形成了尊重学生个性发展的“新绿色教育思想”，构建具有学校文化特色的小学“绿色”课程体系。这种“新绿色课程体系”包括两个系列，一是绿色健康课程，包括篮球、乒乓球、心理教育；二是绿色民艺课程，包括书画类，如篆刻、书法、国画等，民间艺术类，如剪纸、面塑、陶艺等，还有诸多民乐，初步形成了翠微小学校本课程开发的特色与亮点。

校本课程的建设主体是教师。在校本课程建设和教材的研发过程中，教师也得到了专业发展，达到了“教师与学生同发展、共进步”的课程改革目标。这套丛书是翠微小学教师课程建设实践的智慧结晶，是翠微小学教师自主性和创造性的集中体现。校本课程作为国家课程和地方课程的一种必要补充，确保了课程统一性与选择性、规范性与创新性的有机结合，使得素质教育理想与目标得到全面落实。

应该说校本课程高度地表达了一所学校对教育教学意义的理解、对教育思想、价值和精神的追求，是师生的共同行为和共同创造，是最基本、最普遍的学校文化。它以教育实践工作者的视角，以生动活泼的教育形式，唤醒和激发学生的潜能与智慧。校本课程就像一个火把！一门校本课程的开发就可以为学生提供一个新的选择机会，可能点亮学生潜能与智慧。

期待这些鲜活的校本课程经验，能够激起更多人的共鸣，能够与更多教育同行分享，能够真正成为点亮孩子智慧的火把，伴随孩子成长，照亮教师的专业发展道路，为素质教育的全面实施铺路、引航！

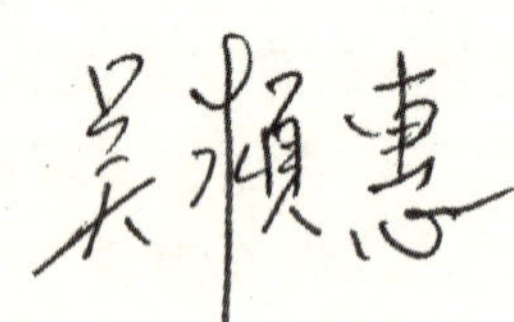

前　言

现代篮球运动最早起源于美国，起初被叫做“筐球”，自 1891 年发展至今，先后经历了初创时期、完善时期、普及时期、全面提高时期，尤其是 20 世纪 80 年代中期以来，随着世界篮球职业队走上奥运赛场，更是推动世界篮球运动跨入了一个再创佳绩的新阶段。在民间，篮球也已发展成为一项很受欢迎的全民健身运动。因为它不像足球、排球等受空间限制，室内室外、街头巷尾，无论男女老少都可以从事这项运动，它的内在价值已远远超出了强身健体的范围，在现代社会中的功能和社会教育价值已经被全社会所认识。就教育领域而言，篮球运动不仅仅是体育教育的重要内容，对青少年还有规范良好行为的教育作用，积极促进青少年健康阳光的成长。

建校之初，翠微小学就将篮球作为特色体育进行推广。经过多年的发展与积淀，2007 年 9 月，学校成为海淀区篮球协会挂牌的“篮球活动基地”，2008 年被海淀体育局评为“篮球传统校”。随着学校“明德至翠，笃行于微”文化核心理念的确立，“培养明德笃行的阳光少年”成为学校的培养目标，引领着学校方方面面的工作。在体育课程建设方面，我们遵循学校“构建现代课程体系，改革小学育人模式”的项目研究思路，围绕“明德”、“笃行”、“阳光”，结合学校已有的课程资源优势，积极建构翠微小学绿色健康课程体系。篮球校本课程便是这一体系的重要组成部分。

篮球校本课程的开发是为了满足广大学生个性发展、多样发展乃至全面发展的需要，是翠微小学体育学科教学向纵深发展的需要，是活跃学校课程与教学生态的需要，也是学校在文化办学阶段走向精品，提升品味的需要。几年来，翠微小学篮球校本课

程从目标的厘定到内容的选择，方法的创新，再到资源的整合运用，在循序渐进中不断地实现着成长和超越。从二年级开始，篮球课程就已经在学校体育教学中有所渗透。在这些初级的篮球课程教学中，许多孩子对篮球表现出了浓厚的兴趣。尤其是在高年级，班级与班级之间的篮球比赛成为了广大学生课余生活的重要组成部分。而近几年学校一年一度的“篮球嘉年华”活动，更是提升了广大学生对篮球的兴趣。为此，针对现有的篮球兴趣小组和日常教学的零星渗透难以满足广大学生篮球兴趣这一现状，我们根据篮球教学的实际和学生身心成长的规律，特选择在四年级开设篮球校本课程，既能够对学生在二、三年级掌握的篮球知识和技能进行提升，又为五、六年级学生的篮球基本技术和战术训练提供了基础支撑。

内容上，本书共分为三章。第一章为篮球基本知识篇。包括篮球的起源与发展、篮球运动的特点与价值、篮球运动的规则、篮球运动的场地以及 NBA、少年 NBA 等基本篮球知识的讲解和介绍。这部分内容在授课实践中并不单独呈现，而是与室外课交叉、渗透，在技术训练中渗透篮球知识和文化内涵。第二章为篮球基本技能篇，内容主要为教师上课备用的一篇篇教案集锦。包括三个单元，共 31 课时的内容。具体包括篮球球性练习；基本的移动步伐训练：传接球练习；投篮练习；基本的技战术训练等。第三章主要介绍了学校的篮球传统活动——篮球嘉年华活动。从活动设计、活动剪影、比赛荣誉、学生絮语等几个方面详细描述了这项学校的体育传统活动。

形式上，考虑到小学阶段学生体育课重在让学生体验参加体育活动的乐趣，本课程在内容的呈现方式与编写体例上避免了简单的教学课件的堆砌，更为注重教学资源的生动性和丰富性。如在篮球基础知识篇章，我们尽量避免了大段的论述，以学生喜闻乐见的形式呈现这些容易让他们觉得枯燥的内容。这些内容将作为整个篮球课程的机动内容，以满足学生在非主观因素（如下雨天等）的限制下对篮球课程的学习需求。室外课中，每一课时的

准备阶段和结束阶段，我们都呈现了内容丰富的小篮球操、健身操、篮球游戏等，为学生体验篮球的乐趣提供空间和平台。

本书是学校“构建现代课程体系，改革小学育人模式”的项目研究成果之一，代表着学校校本课程建设的阶段水平，见证了学校体育课程建设的进程。不能否认，经过一段时间的摸爬滚打，它仍然存在这样那样的瑕疵。但是，任何一门课程都是在长期的不断实践与反思改进中走向成熟。对此，我们深信不疑！在此，感谢参与策划和编写的人员辛勤的付出。感谢北京师范大学出版社给予本书的大力支持。欢迎教材的使用者和各界同仁就教材的不足和问题提出宝贵意见和建议，以便我们将来修订时加以改正和完善。

目 录

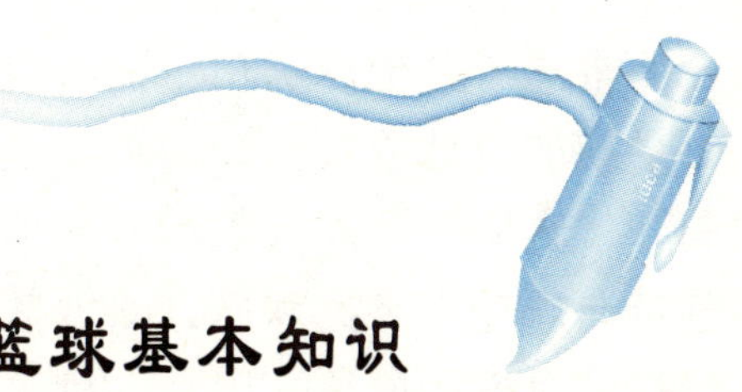

第一章　篮球基本知识

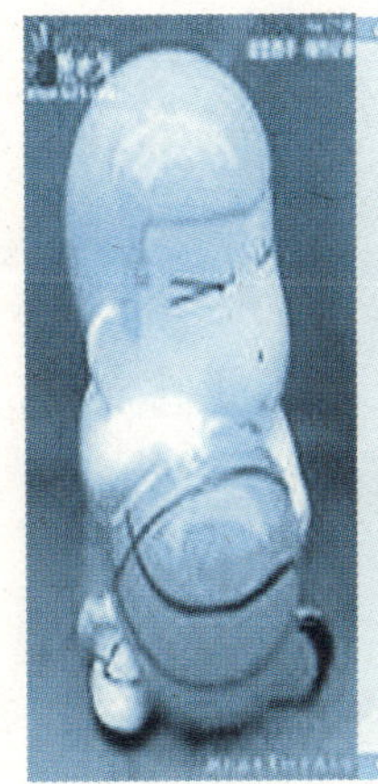

同学们，你一定很熟悉篮球这项运动吧？通过电视、网络，我们经常可以看到很多各级别的篮球比赛，也知晓很多大名鼎鼎的篮球明星，甚至，自己都时不时地跃跃欲试过一把篮球瘾。不过，面对我们这么熟悉的运动，你可千万别小看它哦。你知道吗？到现在为止，篮球运动已经拥有很长的历史啦！可谓源远流长！在这一过程当中，篮球运动从一开始不被人们熟知，到现在成为一项全球性的运动，中间发生了好多好多值得记忆的事情呢！

篮球运动的起源与发展

据文字记载，篮球运动是1891年由美国人詹姆斯·奈史密斯发明的。当时，他在马萨诸塞州斯普林菲尔德基督教青年会国际训练学校任教。由于当地盛产桃子，这里的儿童又非常喜欢做一些用球投入桃子筐的游戏。这使他从中得到启发，并博采足球、曲棍球等其他球类项目的特点，创编了篮球游戏。

最初的篮球游戏比较简单，场地大小和参加游戏的人数没有限制。比赛队员分成人数相等的两队，分别站在球场的两端，在裁判员向球场中央抛球后，双方队员立即冲进场内抢球，并力争将球投进对方的篮筐。因为，桃子筐是有底儿的，球投中以后就留在篮子里，人必须登上专设的梯子才能将球从篮筐里取出。

随着场地设施的不断改进，篮筐被去掉了筐底儿，并改用铁圈代替桃篮，用木板制成篮板代替铁丝挡网，场地增设了中线、中圈和罚球线，比赛改由中场跳球开始。与此同时，场上比赛队员也改为现在的每队5人，开始有后卫、守卫、中锋、前锋、留守等位置之分。此外，奈史密斯制订了一个不太完善的竞赛规则，共13个条款，其中规定不允许带球跑、抱人、推人、绊人、打人等。这大大提高了篮球游戏的趣味性，并且吸引了更多的人来参加这一游戏，从而使篮球运动很快普及到了全美国。

你知道美国篮球名人馆吗?

美国篮球名人馆，也就是詹姆斯·奈史密斯纪念馆。1891年12月初，篮球运动最早出现在美国马萨诸塞州斯普林菲尔德市基督教青年会国际训练学校(后为春田学院)，由该校的体育教师詹姆斯·奈史密斯博士发明。由于当地盛产桃子，这里的儿童又非常喜欢做一些用球投入桃子筐的游戏。这使他从中得到启发，并博采足球、曲棍球等其他球类项目的特点，创编了篮球游戏。起初，奈史密斯将两只桃篮分别钉在健身房内看台的栏杆上，桃篮上沿距离地面3.04米，用足球作比赛工具，向篮筐投掷。投球入篮，得1分，按得分多少决定胜负。每次投球进篮后，要爬梯子将球取出再重新开始比赛。以后逐步将桃篮改为活底儿的铁篮，再改为铁圈下面挂网。当年的篮球规则只有13条，其中规定不允许带球跑、抱人、推人、绊人、打人等。奈史密斯博士于1939年去世，终年78岁。他未曾料到，由他创建的篮球项目竟然在二百多个国家流传着，而且至今美国篮球还誉满全球。为了纪念奈史密斯博士发明篮球的功绩，在春田学院校园内修建了美国篮球名人馆——詹姆斯·奈史密斯纪念馆。

1892年，篮球运动首先从美国传入墨西哥，并很快在墨西哥各地得到开展。这样，墨西哥成为除美国外，第一个开展篮球运动的国家。此后，这项运动先后传入法国、英国、中国、巴西、捷克斯洛伐克、澳大利亚、黎巴嫩等国家，在世界范围内得到了开展、普及和发展。

篮球运动在中国

篮球运动于1895年由美国国际基督教青年会派往天津基督教青年会就职的第一任总干事鲍勃·盖利传入天津市。篮球运动在天津落户后，很快就传到了上海、北京、广州等沿海城市。开始是青年会专有，以后便在一些城市的教会学校里作为课外活动开展起来。

随着当时篮球运动的普及和推广，我国也举办和参加了国内外各种形式的篮球比赛。在1910年旧中国首届全国运动会上，篮球首次被列为表演项目。1913年，篮球被列为我国国内正式比赛项目。中国篮球队1921年参加在上海举行的第5届远东运动会，获得冠军，这是新中国成立前唯一一次在国际比赛中获得的冠军。自1951年起，篮球一直是亚运会的正式比赛项目。1980年以来，我国篮球运动进入最佳发展时期，在国际大赛中不断取得优异成绩。其中，女篮在1983年第9届世界锦标赛和1984年第23届奥运会上均获得第三名，在1992年第25届奥运会和1994年第12届世界锦标赛上均获得第二名。我国男篮继1994年世界男子第12届篮球锦标赛上第一次进入了世界前八名后，又在1996年第26届奥运会上跻身前八名。而全运会篮球比赛是国内最高水平的男、女篮球比赛，每四年举行一届，始于1959年。

发展至今，中国已经发展形成了一系列颇具规模的CBA、CUBA、WCBA及大超等篮球联赛，篮球也成为了我国目前最受欢迎，集娱乐与锻炼价值为一身的大众活动。

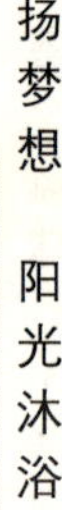

中国篮球协会于1956年6月在北京成立，简称“中国篮协”；英文名称为“CHINESE BASKETBALL ASSOCIATION”，缩写为“CBA”。中国篮球协会是具有独立法人资格的全国性群众体育组织，是由各省、自治区、直辖市篮球协会、各行业篮球协会及解放军相应的运动组织为团体会员组成的、全国性、非营利性的联合组织，是中华全国体育总会的团体会员，是中国奥林匹克委员会承认的奥运项目组织，是代表中国参加国际篮球联合会和亚洲篮球联合会的唯一合法组织。

中国女子篮球甲级联赛(WCBA)是由中国篮球协会主办的女子篮球联赛，其名称仿照WNBA称为WCBA。

目前的参赛球队有：

八一麒麟、辽宁宝城、江苏南钢、黑龙江辰能、沈阳军区、广东宏佳、上海东方、北京首钢、河南济源、吉林澳华。

中国大学生篮球联赛，简称：CUBA，中国篮球协会主办的高校间篮球联赛，其宗旨是“发展高校篮球，培养篮球人才”，模式参照了美国的NCAA大学篮球联赛形式。中央电视台CCTV5等每年都会现场直播部分重要场次的比赛。联赛1996年开始酝酿，1997年建立章程，1998年开始正式推行，设男子组和女子组。

CUBA影响力仅次于中国男子篮球职业联赛CBA。

篮球运动的特点及价值

篮球运动与其他球类运动项目的区别在于：它的运动是围绕

球篮与篮球而展开，因而由此不断创造、发明、更新、完善、修订与发展了各种篮球专门技术、战术、规则、裁判法，并对活动者提出了身体、体态、素质、素养等特殊要求。由此，自篮球运动创建百余年来，国际篮球组织及各国篮球界人士不断研究探索，提出了种种新观点，出现了多种新技术、新战术，使篮球运动内容更丰富，活动更富于魅力。因而出现围绕空间展开的对抗，使篮球运动巨人化，称之“巨人运动”、巨人们的“空间游戏”等。总的来说，现代篮球运动的特点可概括为以下几点：

集体性	对抗性	转换性	时空性
篮球运动的活动是以两队成员相互协同，攻守对抗的形式进行的。竞赛过程只有集集体的智慧和高超的技能于一体，队员协同配合，反映和谐互助的团队精神和协作风格，才能获得最佳成效。	由于篮球运动攻守对抗竞争是在狭小的场地范围内快速、凶悍的近身进行的，获球与反获球的追击、抢夺与限制、反限制，拼智、拼技、拼体、拼力，要想取得优异成绩，团队成员必须有聪颖的智慧，特殊的体能，彪悍的作风和顽强的意志与必胜的精神。从这个意义上说，篮球运动竞争的过程，恰恰是陶冶这种精神的过程。	快速转换攻守对抗是现代篮球比赛的重要特点。篮球比赛的规则规定，以进攻得分多少分高低，而进攻又有时间规定，攻后必守，守后必转攻，攻守不断转换，转换又在瞬间，瞬时变化无常，使得比赛始终在快速而和谐的节奏和氛围中进行。	篮球比赛在一定的时间内围绕空间的球和篮展开攻守对抗，因此在比赛过程中的时间观念、空间意识必须强烈，并运用智慧，以各种形式、方法和手段去争取时间，搏夺空间优势，从而更加彰显篮球运动的时空性这一独异的特点。

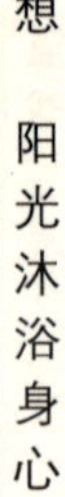

篮球运动有益身心，你知道为什么吗？

经常从事篮球运动对培养活动者的综合素质，锻炼综合才干和开发智慧，培养优良的道德品质和顽强的意志作风，增进身心健康，特别是对提高内脏器官与感受器官的功能和中枢神经系统的灵活性均有积极作用。篮球运动具有较强的集体性，它要求参加者必须齐心协力、密切配合、互相帮助、发挥集体力量，更好地争取比赛的胜利。因此，参加者更有利于养成团结友爱的集体荣誉感和严格的组织纪律性，同时可以增进了解，彼此之间友好交往，促成长期的友谊。

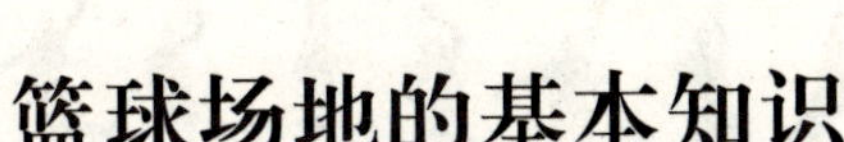

篮球场地的基本知识

篮球比赛场是一个长方形的坚实平面，无障碍物。标准的比赛场地长度为 28m，宽度为 15m。天花板或最低障碍物的高度至少应为 7m。

篮球场的长边界限称边线，短边的界限称端线。

球场上各线都必须十分清晰，线宽均为 0.05m。以中线的中点为圆心，以 1.8m 为半径，画一个圆圈称中圈。三分投篮区是由场上两条拱形限制出的地面区域。

限制区：在比赛场地上所标出的地面区域，它由端线、罚球线和两条起自端线（画线的外沿距离端线中点 3m），终于罚球线外沿的线所限定。除端线外，这些线都是限制区的一部分。限制区里面可以着色，但必须与中圈内的颜色相同。

罚球区：罚球线应画成与每条端线平行。从端线内沿到它的最外沿应为 5.80m，其长度为 3.60m。它的中点应落在连接两条端线中点的假想线上。

三分投篮区：某队的 3 分投篮区域是除对方球篮附近被下述条件限制出的区域之外的整个比赛场地的地面区域。这些条件包括：从端线引出两条垂直于端线的平行线，外沿分别距对方球篮的中心垂直线与地面的交点 6.25m，该交点距端线内沿中点的距离为 1.575m；以上述规定的同一点为圆心，画半径为 6.25m（量到圆弧外沿）的半圆与两平行线相交。

球队席区域：球队席区域应标在记录台和球队成同侧的场外。每个区域由一条从端线向外延伸至少长 2m 的线和另一条离中线 5m 且与边线成直角并至少长 2m 的线所限定。球队席区域内必须有 14 个座位供教练员、替补队员使用。任何其他人员应在球队席后面至少 2m 处。

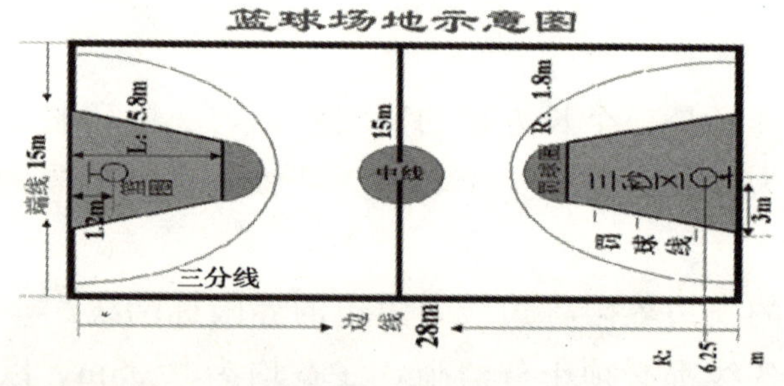

篮球场主要位置介绍

控球后卫(Point Guard)是球场上拿球机会最多的人。他要把球从后场安全地带到前场，再把球传给其他队友，这才有让其他人得分的机会。一个合格的控球后卫必须要能够在只有一个人防守他的情况下，毫无问题地将球带过半场。然后，他还要有很好的传球能力，能够在大多数的时间里，将球传到球应该要到的地方：有时候是一个可以投篮的空档，有时候是一个更好的导球位置。简单地说，他要让球流动得顺畅，他要能将球传到最容易得分的地方。再更进一步地说，他还要组织本队的进攻，让队友的进攻更为流畅。

NBA 著名控球后卫迈克尔·乔丹

对于一个控球后卫还有一些其他要求。在得分方面，控球队员往往是队上最后一个得分者，也就是说除非其他队友都没有好机会出手，否则他是不轻易投篮的。或者以另一个角度说，他本身有颇强的得分能力，而以其得分能力破坏对方的防守，来替队友制造机会。总而言之，控球后卫有一个不变的原则：当场上有任何队友的机会比他好时，他一定将球交给机会更好的队友。

得分后卫(Shooting Guard)以得分为主要任务。他在场上是仅次于小前锋的第二得分手，但是他不需要练就像小前锋一般的单打身手，因为他经常是由队友帮他找出空档后投篮的。不过也就因为如此，他的外线准头与稳定性要非常好。

NBA 著名得分后卫科比·布莱恩特

得分后卫经常要做的有两件事，第一是有很好的空档来投外线，因此他的外线准头和稳定性一定要好，要不然队友千辛万苦挡出个好机会，却又投不进去的话，对全队的士气和信心打击颇大。第二则是要在小小的缝隙中找出空档来投外线，所以他出手的速度要快。一个好的得分后卫总不能企望每次都有这么好的空档，应该能在很短的时间内找机会出手，而命中率也要有一定的水准，如此的话，才能让敌方的防守有所顾忌，必须拉开防守圈，从而更利于队友在禁区内的攻势。

小前锋(Small Forward)是篮球比赛阵容中的一个固定位置。通常小前锋的身高和体型都低于中锋和大前锋，但是又高于得分后卫与组织后卫。通常，小前锋身高在 6 英尺 5 到 6 英尺 11 之间(1 米 96 到 2 米 13)。尽管很多小前锋在身高上不输于大前锋，但往往在力量上略逊一筹。

NBA 著名小前锋勒布朗·詹姆斯

小前锋是球队中最重要的得分者，同时也要有不错的防守能力。一名合格的小前锋不但要有足够的身高在篮下得分，也要有出色的速度凭借快攻和突破得分，擅长内外场投篮以及运球，其他技术也很熟练。因此可以说其他 4 人的作用也可起到，在整个场内最具篮球意识的选手。

首先，在进攻中，小前锋能够在力量对抗和投篮得分中取得平衡。首先要锻炼自己的体格和肌肉，在高对抗的比赛中不能处于下风，还要多练习定点投篮和突破上篮。

其次，小前锋通常负责抢断和篮板球。所以要求小前锋移动要迅速敏捷，弹跳充分。还要多练习抢篮板和断球！再次，许多小前锋球员都可以兼任得分后卫，能够同时打这两个位置的球员通常被称为“摇摆人”，可以试着客串后卫，在外线寻找投篮机会，像火箭的麦迪可以同时打两个位置，而且攻击力都很强，组织能力也不错。

NBA 著名大前锋蒂姆·邓肯

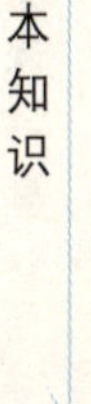

大前锋(Power Forward)在队上担任的任务几乎都是以苦工为主，要抢篮板、防守、卡位都少不了他，但是要投篮、得分，他却经常是最后一个。所以说，大前锋可以算是篮球场上最不起眼的角色了。

大前锋的首要工作便是抓篮板球。大前锋通常都是队上篮板抢得最多的人，他在禁区卡位，与中锋配合，往往要挑起全队的篮板重任。而在进攻时，他又常常帮队友挡人，然后在队友出手后设法挤进去抓篮板，做第二波的进攻。

大前锋一般较少出手，而其投篮的位置又经常很靠近篮框，对其投篮的命中率要求也较高。以场上五个位置来说，大前锋应该是命中率最高的一位，不错的大前锋应该达到五成五以上。不过由于得分不是他的强项，所以他的得分可以不多，但是篮板就一定要抓得多。此外，防守时的火锅能力自然也是大前锋所必备的，因为他要巩固禁区，防守当然重要。其实说穿了，大前锋就是要做好两件事：篮板和防守。

NBA 著名中锋姚明

中锋(Center)顾名思义乃是一个球队的中心人物。他多数的时间是要待在禁区里卖劳力、卖身材的，他在攻在守，都是球队的枢纽，故名之为中锋。

中锋要做哪些工作呢？首先，他既然是在禁区里面混饭吃，那么篮板球是绝对不可或缺的。再来，禁区又是各队的兵家必争之地，当然不能让对手轻易攻到这里面来，所以阻攻、盖火锅的能力也少不得。而在进攻时，中锋经常有机会站在靠近罚球线的禁区内(此乃整个进攻场的中心位置)接球，此时他也应具备不错

的导球能力，将球往较适当的角落送出。以上三项，是中锋应具备的基础技能。而在球队中，中锋也经常身负得分之责，他是主要的内线得分者，与小前锋里外对应。因为他要能单打，所以在命中率上的要求可以低些，但他出手的位置又往往较接近篮框，所以命中率又应该高些，大致来说，五成二可以作为一个标准。对中锋命中率的要求，是仅次于大前锋的。

一名好的中锋还得多才多艺。在进攻方面，中锋在接近篮框的位置要有单打的能力，他要能背对着篮框做单打动作，转身投篮是最常见的一项，而跳勾、勾射则是更难防守的得分方式。防守上，要成为一个好的中锋，那除了守好自己该看的球员之外，适时帮忙队友的防守是必须的。简单地说，若敌方的球员晃过了队友的防守而往篮下进来，中锋便要有一夫当关之勇，守住己方的禁区。当然，不是说每回都能滴水不漏，但总是要有“能帮忙”的能力，若一个中锋只能守住自己的人，那是不够的(除非对方是超强的进攻中锋)。

篮球比赛的基本规则

规则一

(1)比赛方法

一队五人，其中一人为队长，候补球员最多七人，但可依主办单位而增加人数。比赛分前、后半场，每半场各 20 分钟，中场休息 10 分钟。比赛结束两队积分相同时，则举行延长赛 5 分钟，若 5 分钟后比数仍相同，则再次进行 5 分钟延长赛，直至比出胜负为止。

(2)得分种类

球投进篮框经裁判认可后，便算得分。3 分线内侧投入可得

2分；三分线外侧投入可得3分，罚球投进得1分。

(3)进行方式

比赛开始由两队各推出一名跳球员至中央跳球区，由主审裁判抛球双方跳球，开始比赛。掷界外球。

(4)选手替换

每次替换选手要在20秒内完成，替换次数则不限定。交换选手的时间选在有人犯规、争球、叫暂停等。裁判可暂时中止球赛的计时。

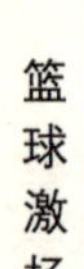

(5)罚球

每名球员各有4次被允许犯规的机会，第5次即犯满退场。且不能在同一场比赛中再度上场。罚球是在谁都不能阻挡、防守的情况下投篮，是做为对犯规队伍的处罚，给予另一队的机会。罚球要站在罚球线后，从裁判手中接过球后5秒内要投篮。在投篮后，球触到篮框前，均不能踩越罚球线。

(6)违例

大致可分为①普通违例：如带球走步、两次运球、脚踢球或以拳击球。②跳球违例。③跳球时的违例：除了跳球球员以外的人可在跳球者触到球之前进入中央跳球区。

规则二

(1)30秒钟规则

进攻球队在场上控球时必须在30秒钟内投篮出手(NBA比赛为24秒，全美大学体育联合会比赛中为35秒)。

(2)10秒钟规则

球队从后场控制球开始，必须在10秒钟内使球进入前场(对方的半场)。

(3)5秒钟规则

持球后，球员必须在5秒钟之内掷界外球出手。

(4)3秒钟规则

与对方发生身体接触而产生的犯规，比如与裁判发生争执等情况。

(5)侵人犯规

与对方发生身体接触而产生的犯规行为。

(6)技术犯规

队员或教练员因表现恶劣而被判犯规，比如与裁判发生争执等情况。

(7)队员5次犯规

无论是侵人犯规，还是技术犯规，一名球员犯规共5次(NBA规定为6次)必须离开球场，不得再进行比赛。

(8)违例

既不属于侵人犯规，也不属于技术犯规的违反规则的行为。主要的违例行为是：非法运球；带球走；3秒违例；使球出界。

(9)队员出界

球员带球或球本身触及界线或界线以外区域，即属球出界。在球触线或线外区域之前，球在空中不算出界。

(10)干扰球

投篮的球向篮下落时，双方队员都不得触球。当球在球篮里的时候，防守队员不得触球。

(11)球回后场

球队如已将球从后场移至前场，该球队球员便不能再将球移过中线，运回后场。

要想看懂比赛，篮球的名词术语可要知道呦！

篮球的主要名词术语

(1)扣篮：运动员用单手或双手持球，跳起在空中自上而下直接将球扣进篮圈。

(2)补篮：投篮不中时，运动员跳起在空中将球补进篮内。

(3)卡位：进攻人运用脚步动作把防守者挡在自己身后，这种步法叫卡位。

(4)领接球：顺传球飞行方向移动，顺势接球。

(5)错位防守：防守人站位在自己所防守的进攻人身侧，阻挠他接球叫错位防守。

(6)要位：进攻人用身体把防守人挡在身后，占据有利的接球位置。

(7)突破：运球超越防守人。

(8)空切：进攻人空手向篮跑动。

(9)一传：获球者由守转攻的第1次传球。

(10)盖帽：进攻人投篮出手时，防守人设法在空中将球打掉的动作。

(11)补位：当1个防守人失掉正确防守位置时，另一防守人及时补占其正确防守位置。

(12)协防：协助同伴防守。

(13)紧逼防守：贴近进攻人，不断运用攻击性防守动作，威胁对方持球的安全或不让对方接球。

(14)斜插：从边线向球篮或者向球场中间斜线快跑。

(15)时间差：在投篮时，为躲避对方防守的封盖，利用空中停留改变投篮出手时间。

NBA 基本常识

NBA 是 National Basketball Association 的缩写（国家篮球协会），成立于 1946 年 6 月 6 日，当时叫 BAA，即全美篮协会（Basketball Association of America），是由十一家冰球馆和体育馆的老板为了让体育馆在冰球比赛以外的时间，不至于闲置而共同发起成立的。BAA 成立时共 11 支球队：纽约尼克斯队、波士顿凯尔特人队、华盛顿国会队、芝加哥牡鹿队、克利夫兰叛逆者队、底特律猎鹰队、费城武士队、匹兹保铁人队、普罗维登斯蒸气队、圣路易斯轰炸机队和多伦多爱斯基摩人队。1949 年 BAA 吞并了当时的另外一个联盟（NBL），改名为 NBA。

1949—1950 赛季，NBA 共 17 支球队。1976 年 NBA 吞并了美国篮球协会（ABA），球队增加到 22 支。1980 年达拉斯小牛队加入 NBA。1988 年，夏洛特黄蜂队和迈阿密热火队加入 NBA。1990 年奥兰多魔术队和明尼苏达森林狼队加入 NBA。1995 年两支加拿大球队（多伦多猛龙队和温哥华灰熊队）加入 NBA，使 NBA 的球队达到 29 支。

而 2004 年的常规赛还有了新军夏洛特山猫的加入，NBA 的球队总数达到了偶数，促使 NBA 做出了 57 年历史上最大的赛制变动：30 支球队被划分为两大赛区、六个分区。经过 NBA 董事会投票，决定重新划分新赛区，实行新赛制。2003 年 11 月 18 日，NBA 总裁大卫·斯特恩正式宣布，从 2004—2005 赛季开始，NBA 从原先的四赛区调整为六赛区，东西部各为三个，每个赛区都为 5 支球队。这一改革在加强区域对抗的同时，也让新赛季的常规赛更有看头。

常规赛从每年的 11 月初开始，至第二年的 4 月 20 日左右结束。季后赛从 4 月下旬开始到 6 月中旬决出总冠军为止。NBA 的 29 支球队在常规赛季共进行 1189 场比赛。每个球队均比赛 82

场。比赛采用主客场制，球队相互间比赛场数不等，同一赛区同一联盟的球队相互间各赛 4 场，不同联盟之间的球队相互之间赛 2 场。常规赛结束后，按照比赛胜率(胜场数/82)的高低排出东、西部的前 8 名，共 16 支队伍参加季后赛。1 对 8，3 对 6，2 对 7，4 对 5。季后赛采取淘汰制。第一轮和第二轮(东、西部联盟半决赛)采用 5 战 3 胜制(2，2，1，即排名靠前的先打两个主场，再打两个主场，最后一场回主场)，第三轮(东、西部联盟决赛)和 NBA 东西部的总冠军决战均采用 7 战 4 胜制(2，3，2)。

你知道NBA的30支球队都有哪些吗？
你喜欢的球星在哪支球队呢？

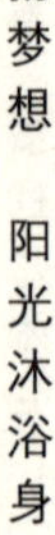

NBA 有 30 支球队：

东部联盟(east)：

大西洋赛区：尼克斯队、网队、凯尔特人、猛龙队、76 人队

中部赛区：活塞队、步行者队、骑士队、雄鹿队、公牛队

东南部赛区：热队、魔术队、奇才队、老鹰队、山猫队

西部联盟(west)：

西北赛区：森林狼队、掘金队、爵士队、开拓者队、超音速队

太平洋赛区：国王队、湖人队、太阳队、勇士队、快船队

西南部赛区：马刺队、火箭队、小牛队、灰熊队、黄蜂队

少年 NBA

“少年 NBA”是美国 NBA 的重点活动之一。目前全球共有超过 1100 万名小球员、家长及教练参与其中。安利纽崔莱与 NBA 在 2005 年达成协议，成为 NBA 中国市场合作伙伴，并将少年 NBA 首次引入中国，每年吸引数万名少年儿童参赛，并已选送了 40 名篮球少年赴美观摩 NBA 全明星周末，为这些热爱篮球并有超群天赋的少年们提供了实现梦想、增广见闻的绝佳机会，已成为中美青少年篮球文化交流领域的一项盛事。自 2005 年起，安利纽崔莱少年 NBA 挑战赛已经连续在中国举办了五届。

2005 年 9—12 月，首届中国“少年 NBA”联赛，覆盖 15 个城市 120 所中学，近 10 万名学生、教练、家长参与，冠军队于 2006 年 2 月赴美(休斯顿)体验 NBA 全明星赛。

2006 年 6 月，第二届“少年 NBA 技术挑战赛”在 15 座城市展开，历时 4 个月，数万名少年儿童及家长参与，冠军队于 2007 年 2 月参加在拉斯维加斯举行的 NBA 全明星赛系列活动。

2007 年 3—8 月，第三届“安利纽崔莱少年 NBA 技术挑战赛”在 18 个城市展开，历时 6 个月，5 万多人参加，2008 年 2 月，10 名优胜者赴美新奥尔良参加 NBA 全明星赛周末系列活动。

2008 年 9 月第四届“安利纽崔莱少年 NBA 挑战赛”拉开帷幕，在广州、北京和上海三个城市开展，历时 10 个月，大约 3 万多人参加。2010 年 2 月，10 名优胜者前往美国达拉斯亲身体验 NBA 全明星 2010。

嘿！知道吗？翠微小学也有这样一位少年NBA小明星呢！你知道他是谁吗？

明星超链接：

2010年7月21日，翠微小学的刘宇童同学经过层层选拔，光荣地成为了少年NBA北京训练营的一员。图为刘宇童(图中持球人)在训练中。

7月19—21日，60名热爱篮球的少年在北京大学邱德拔体育馆度过了充满激情的三天，作为少年NBA北京训练营的营员，他们得到了来自NBA的教练提供的专业的篮球技能、健康营养以及生活技能方面的培训，NBA球星、奥兰多魔术队中锋德怀特一霍华德亲临训练营，与这些篮球少年分享了他的篮球梦想和人生体验，并给小球员们进行了一对一的辅导。参加训练的孩子最大的为12岁，最小的只有8岁半，是通过此前的技术挑战赛挑选出来的选手。选手们来自北京，大庆、石家庄、乌鲁木齐等地。三天的训练营生活，让这些热爱篮球的少年结下了纯洁的友谊，也让他们对自己未来的篮球世界充满憧憬，不少孩子表示自己最大的梦想就是将来能去NBA打球。

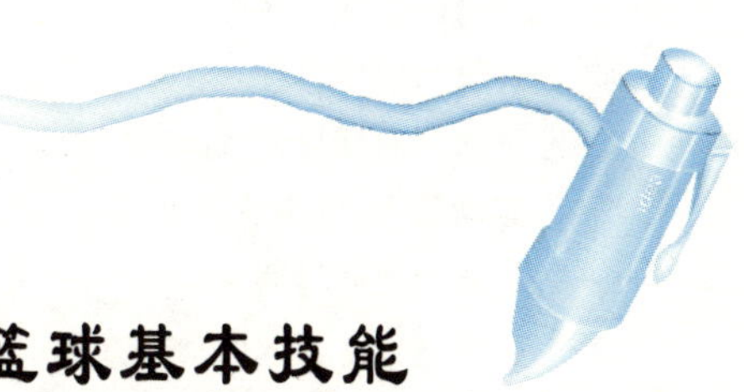

第二章　篮球基本技能

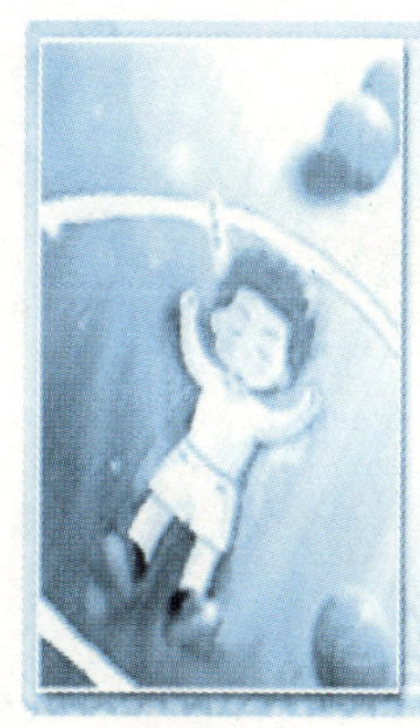

俗话说："骏马是跑出来的，强兵是打出来的"。有了全面、丰富的篮球知识，可不一定就能成为篮球健将呢！不信你看，哪一个篮球明星不是在球场上叱咤风云？哪一个篮球明星不是靠持久、刻苦的训练才成就了骄人的成绩呢？所以，作为翠微小学的一名"阳光少年"，可千万不要成为那纸上谈兵的赵括哦！

篮球基本技能教学主题列表

单元	课次	任务与主题
一	1	持球、熟悉球性
	2	侧身跑
	3	体前高低运球；体前变方向运球
	4	背后胯下变向运球；原地后转身运球
	5	多种形式的运球练习
	6	行进间运球
	7	行进间直线运球
	8	行进间运球急停、急进
	9	行进间运球后转身
	10	移动技术(滑步、撤步)
	11	行进间变向运球
	12	运球急停、急起的动作方法
	13	复习行进间变向运球和运球急停、急起技术
	14	考核：行进间变向运球
二	15	双手胸前传、接球
	16	双手胸前反弹传球
	17	行进间双手胸前传接球
	18	复习：两人一组原地的胸前传接球和行进间胸前传接球
	19	原地单手肩上投篮
	20	原地跳起单手肩上投篮
	21	防守无球队员
	22	原地交叉步持球突破技术
	23	复习行进间进攻技术
	24	复习与考核
	25	2 攻 1 配合(1)
	26	2 攻 1 配合(2)
	27	防快攻
三	28	快攻配合
	29	传切配合
	30	突分配合
	31	比赛

第1课时　持球熟悉球性

教学主题	掌握基本持球技术及球性练习		
教学目标	1. 熟悉篮球的持球动作，初步学习持球动作方法，初步进行各种球性练习。 2. 发展身体协调性，培养上下肢协调配合能力。 3. 感受篮球运动的乐趣，树立自尊与自信，勇于展示自我，学会与他人友好交往与合作。		
教学环节	教学内容	运动负荷	
		次数	时间
开始准备部分	**一、上课式** 体委整队，报告人数，师生问好，检查服装，安排见习生。		1分钟
	二、掌握持球姿势 【动作方法】： 双手自然分开，拇指相对成“八”字形，用指跟以上部位握住球的两侧后下方，掌心空出，两臂弯曲，肘关节下垂，持球于胸前。 【教学要求】： 动作到位，听讲解看示范时，球必须持在身体右侧，掌心空出，拇指相对成“八”字形。	3至4次	2至3分钟

续表

<table>
<tr><th></th><th colspan="4">教学实施建议</th></tr>
<tr><td>开始准备部分</td><td colspan="4">一、组织
分 8 组，每组 4—5 人成体操队形散开。
二、学法与教法
1. 教师协助体委整队，体现班级荣誉感，做到快、静、齐。
2. 教师示范持球动作，边喊口令，边提示动作要领。

积极参与，认真练习，控制好球。</td></tr>
<tr><th rowspan="2"></th><th rowspan="2">教学内容</th><th colspan="2">运动负荷</th><th rowspan="2">教学实施建议</th></tr>
<tr><th>次数</th><th>时间</th></tr>
<tr><td>基本部分</td><td>三、球性练习
1. 双手体前点拨球
2. 单双手上抛接球
3. 头部环绕交接球
4. 腰部环绕交接球
5. 提膝交接球
6. 地滚 8 字绕球
7. 胯下 8 字绕球</td><td>各 3 次</td><td>20 至 21 分钟</td><td>一、组织
分 8 组，4—5 人一组，左右距离前后间隔为 2 米。
二、学法与教法
1. 教师提示动作，学生积极模仿动作，根据动作要领和要点做散点练习，体会动作。
2. 教师带领学生集体练习。
3. 教师示范动作，讲解动作方法和要领，让学生看清楚各种球性练习部位的不同点。
4. 学生自由散点进行各种球性练习。
5. 分组依次练习，教师巡视辅导学生动作。
6. 分组表演采用不同形式评价(自我、同学、老师)。
三、要求
认真练习，体会动作，友好交往，团结协作。</td></tr>
</table>

续表

	教学内容	运动负荷		教学实施建议
		次数	时间	
基本部分	**四、游戏：滚球接力** 【游戏规则】： 1. 听到开始信号后推进球开始。不抢跑，不越线。 2. 用地滚球的方法推进球进行绕标志物折返接力。 3. 不得抱球跑，运球失误必须在失误地点重新开始。 【教学重点】： 培养抬头意识，用手的感觉控制球和上下肢协调配合的能力。	2次	10至12分钟	**一、组织** 分8组，每组4—5人。 **二、学法与教法** 1. 教师示范游戏方法，讲解游戏规则。 2. 分组练习地滚球。 分组进行地滚球接力比赛。 1)小组接力赛 2)冠军挑战老师 **三、要求** 遵守规则，认真练习，勇于展示自我。
结束部分	**五、放松活动** 走进大自然。 **六、小结** 师生讨论本课的收获和体会。		2至3分钟	**一、组织** 分8组，每组4—5人。 **二、学法与教法** 1. 教师讲解。 2. 听音乐放松。 3. 教师提问，学生畅谈，交流本课收获体会 **三、要求** 开动脑筋，集思广益，放松身心，愉悦心情。

续表

器材	1. 小篮球：33 个；　　2. 呼啦圈 8 个 3. 标志桶 24 个；　　4. 录音机 1 台	课后小结
运动负荷曲线预计		
170 160 150 140 130 120 110 100 90 80 0 5 10 15 20 25 30 35 40		

第2课时　侧身跑

教学主题	行进间侧身跑练习		
教学目标	1. 初步学习行进间侧身跑动作方法。 2. 提高行进间各方向的移动能力，发展身体协调性。 3. 感受篮球活动的乐趣，树立自尊与自信，勇于展示自我，学会与他人友好交往与合作。		
教学环节	教学内容	运动负荷	
		次数	时间
开始准备部分	**一、上课式** 体委整队，报告人数，师生问好，检查服装，安排见习生。		1分钟
	二、球性练习 1. 双手体前点拨球 2. 单双手上抛接球 3. 头部环绕交接球 4. 腰部环绕交接球 5. 提膝交接球 6. 地滚8字绕球 7. 胯下8字绕球	4×8拍	2至3分钟

续表

	教学实施建议
开始准备部分	**一、组织** 分 8 组，每组 4—5 人成体操队形散开。 **二、学法与教法** 1. 教师协助体委整队，体现班级荣誉感，做到快、静、齐。 2. 教师示范持球动作，边喊口令，边提示动作要领。 **三、要求** 积极参与，认真练习，控制好球。
	教学内容
基本部分	**三、起动变向、侧身跑、脚步移动技术** 【动作要点】： (1)起动变向 a. 起动：双脚开立，双膝稍弯曲，并稍内收，上体稍前倾，用脚掌蹬地后迅速向前跨步，动作敏捷，由静止状态突然转入运动状态。 b. 变方向跑：队员在跑动中利用突然改变前进方向摆脱防守队员的一种方法，跑动路线是折线。 (2)侧身跑 头部和上体向来球的方向扭转，同时侧肩，脚尖朝着跑动方向。跑动时，既要观察场上情况，又不影响跑动速度。 【教学要求】： 面向球转体，内侧腿微曲，外侧脚掌内侧蹬地。

续表

	教学内容	运动负荷		教学实施建议
		次数	时间	
基本部分	(3)脚步移动技术 转身：转身可分为前转身和后转身。移动脚向中枢脚尖方向进行弧形移动的叫前转身。移动脚向中枢脚跟方向进行弧形移动的叫后转身。转身时，重心移向中枢脚，另一脚的前掌内侧蹬地，同时中枢脚前掌用力碾地，腰部带动上体随着移动脚转动，向前或向后改变身体方向。在身体移动过程中，要保持身体重心平稳，不要起伏。转身后，重心应移到两脚之间。	各1次 3次	20至21分钟	一、组织 成散点队形。 二、学法与教法 1. 教师提示动作，学生积极模仿动作，根据动作要领和要点做散点练习，体会动作。 2. 教师带领学生集体练习。 3. 教师示范动作，讲解动作方法和要领。 如图所示： 如图所示： 1. 学生分组进行各种行进间移动练习。 2. 教师巡视辅导学生动作。 3. 分组展示练习效果，采用不同形式评价(自我、同学、老师) 三、要求 认真练习，体会动作，友好交往，团结协作。

续表

	教学内容	运动负荷		教学实施建议
		次数	时间	
基本部分	**四、游戏** **——侧身跑"8"字接力** 【游戏规则】: 1. 听到开始信号后沿线在场上进行"8"字侧身跑。 2. 每次绕过标志物后要做出侧身要球动作并折返接力。 3. 不得低头跑，线路错误必须在原点重新开始。 【教学重点】: 培养上下肢协调配合的能力，脚尖朝着前进方向，上体侧身注意观察来球方向。	2次	10至12分钟	**一、组织** 分8组，每组4—5人。 **二、学法与教法** 1. 教师示范游戏方法，讲解游戏规则。 2. 分组练习侧身跑要球。 3. 分组进行侧身跑接力比赛。 1)小组接力赛 2)冠军挑战老师 **三、要求** 遵守规则，认真练习，勇于展示自我。
结束部分	**五、放松活动** 《猜猜谁说话》 **六、小结** 师生讨论本课的收获和体会。		2至3分钟	**一、组织** 分8组，每组4—5人。 **二、学法与教法** 1. 教师讲解。 2. 听音乐放松。 3. 教师提问，学生畅谈，交流本课收获体会。 **三、要求** 开动脑筋，集思广益，放松身心，愉悦心情。

续表

器材	1. 小篮球：33 个；　　2. 呼啦圈 8 个 3. 标志桶 24 个；　　4. 录音机 1 台	课后小结
运动负荷曲线预计		
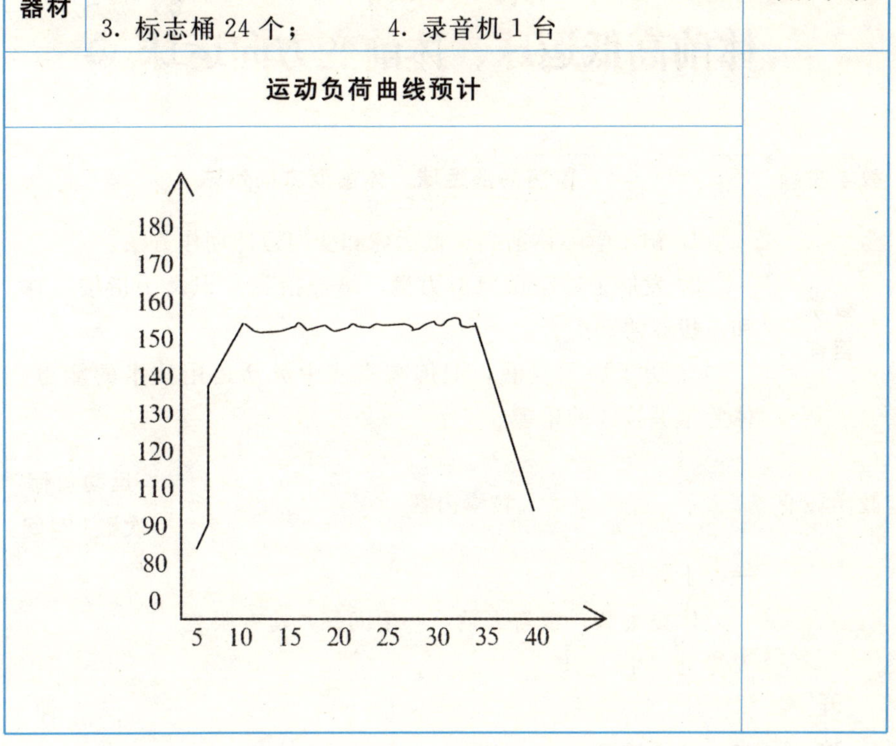		

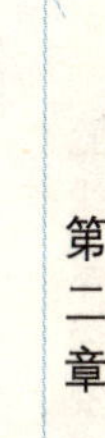

第 3 课时
体前高低运球、体前变方向运球

教学主题	体前高低运球、体前变方向运球		
教学目标	1. 初步学习体前高、低运球和变向运球动作方法。 2. 发展上肢小臂肌群力量，培养抬头意识及手指按压球和点拨球协调配合。 3. 勇于展示自我，锻炼在实践中灵活运用技术的能力，体验掌握技能的乐趣。		
教学环节	教学内容	运动负荷	
		次数	时间
开始准备部分	**一、上课式** 体委整队，报告人数，师生问好，检查服装，安排见习生。 **二、球性练习** 1. 双手体前点拨球　2. 单双手上抛接球 3. 头部环绕交接球　4. 腰部环绕交接球 5. 提膝交接球　6. 地滚 8 字绕球 7. 胯下 8 字绕球	4×8拍	1分钟 2至3分钟

续表

<table>
<tr><th></th><th>教学实施建议</th></tr>
<tr><td>开始准备部分</td><td>

一、组织

分 8 组，每组 4—5 人成体操队形散开。

XXXXXXXXX
XXXXXXXXX
XXXXXXXXX
XXXXXXXXX
△

二、学法与教法：（如图所示）

1. 教师协助体委整队，体现班级荣誉感，做到快、静、齐。

2. 教师示范动作，边喊口令，边提示动作要领。

三、要求

积极参与，认真练习，控制好球。

</td></tr>
</table>

续表

教学环节	教学内容	运动负荷	
		次数	时间
基本部分	**三、高、低、体前变向运球** **低运球** 【动作方法】: 抬头，目视前方，两腿迅速弯屈，降低重心，上体前倾，靠近防守队员的一侧，用身体和腿保护球。同时，用手短促地按拍球，控制球从地面反弹的高度在膝部以下，以便摆脱防守继续前进。 【动作要点】: 两腿迅速弯屈，降低身体重心，上体前倾；手按拍球短促有力，控制球的高度；手脚配合协调一致。	10次	5至8分钟
	高运球 【动作方法】: 抬头，目视前方，上体稍前倾，以肘关节为轴，用手按拍球的后侧上方，球的落点在身体侧前方，球反弹的高度在腰、胸之间，一般拍一次球跑两步。 【动作要点】: 手按拍球的部位正确，手脚配合协调。	10次	5至8分钟
	体前变向运球 【动作方法】: 两脚左右开立，屈膝半蹲，右手拍球的右侧上方，将球拍向左侧，右臂随球移向左侧，再拍球的左侧上方将球拍回右侧，左右手交替练习。 【动作要点】: 将球落点及反弹点控制在两腿间 2/3 处，两手协调配合按拨。	10次	5至8分钟

续表

<table>
<tr><th>教学环节</th><th>教学实施建议</th></tr>
<tr><td>基
本
部
分</td><td>

一、组织

成散点队形。

二、学法与教法

1. 教师提示动作。

学生积极模仿动作，根据动作要领和要点做散点练习，体会动作。

2. 教师带领学生集体练习。

3. 教师示范动作，讲解动作方法和要领。

原地运球

如图所示：

4. 学生分组进行各种行进间移动练习。

5. 教师巡视辅导学生动作。

6. 分组展示练习效果，采用不同形式评价(自我、同学、老师)。

三、要求

认真练习，体会动作，友好交往，团结协作。

</td></tr>
</table>

续表

教学环节	教学内容	运动负荷		教学实施建议
		次数	时间	
基本部分	**四、游戏** **“一对一”抢断球** 【游戏规则】： 1. 听到开始信号后“一对一”抢断球。 2. 双方可以利用肢体边控制球，边抢断对方的球。 3. 运球失误或被对方抢断球成功后可重新开始。 【教学重点】： 培养上下肢协调配合的能力，做到不看球运球，并能观察抢断其他人的球。	2次	10至12分钟	**一、组织** 自由结合，每组2人。 **二、学法与教法** 1. 教师示范游戏方法，讲解游戏规则 2. 分组练习“一对一”抢断球。 3. 分组进行“一对一”抢断球比赛。 **三、要求** 遵守规则，认真练习，勇于展示自我。
结束部分	**五、放松活动** 《猜猜谁说话》 **六、小结** 师生讨论本课的收获和体会。		2至3分钟	**一、组织** 成散点队形。 **二、学法与教法：** 1. 教师讲解。 2. 听音乐放松。 3. 教师提问，学生畅谈，交流本课收获体会。 **三、要求：** 开动脑筋，集思广益，放松身心，愉悦心情。

续表

<table>
<tr><td>器材</td><td>1. 小篮球：33 个；　　2. 呼啦圈 8 个
3. 标志桶 24 个；　　4. 录音机 1 台</td><td rowspan="3">课后小结</td></tr>
<tr><td colspan="2">运动负荷曲线预计</td></tr>
<tr><td colspan="2">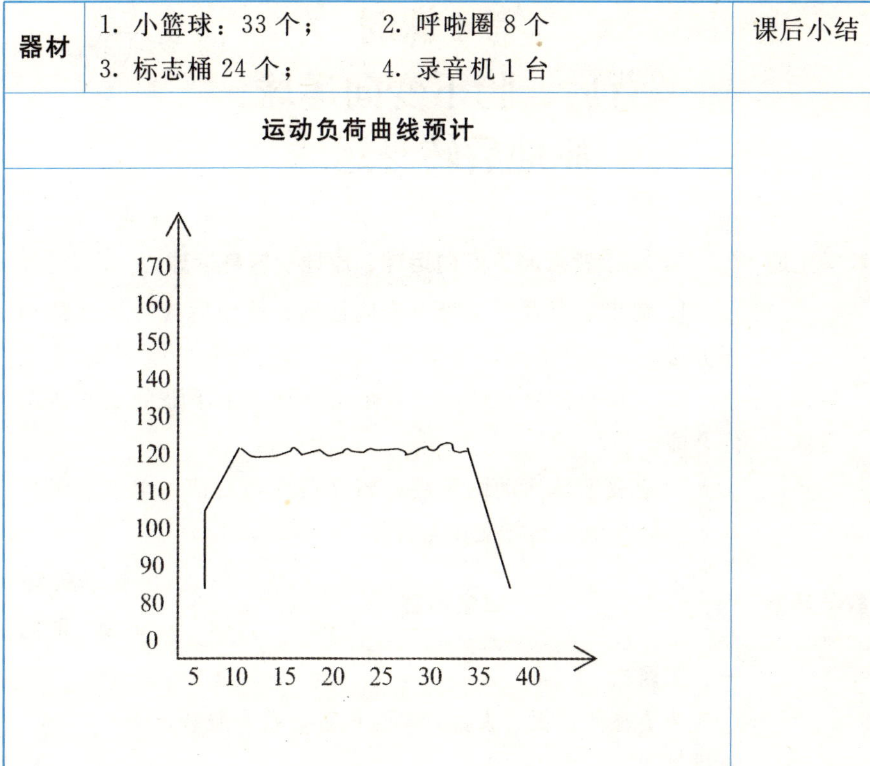
</td></tr>
</table>

第4课时 背后、胯下变向运球、原地后转身运球

教学主题	背后胯下变向运球、原地后转身运球		
教学目标	1. 初步学习背后、胯下变向运球、原地后转身运球的动作方法。 2. 发展身体协调性，培养抬头运球及上下肢的重心协调配合能力。 3. 感受篮球活动的乐趣，树立自尊与自信，勇于展示自我，学会与他人友好交往与合作。		
教学环节	教学内容	运动负荷	
		次数	时间
开始准备部分	**一、上课式** 体委整队，报告人数，师生问好，检查服装，安排见习生。		1分钟
	二、小篮球操 1. 双手体前拨动球　2. 单双手上抛球 3. 手指拨球　4. 腰部环绕交接球 5. 提膝交接球　6. 原地左右手运球 7. 后踢腿运球　8. 压手指 **三、专项练习** 自由运球练习。	4×8拍	2至3分钟

续表

	教学实施建议		
开始准备部分	**一、组织** 分 8 组，每组 4—5 人成体操队形散开。 **二、学法与教法** 1. 教师协助体委整队，用读秒方法激发班级荣誉感，做到快、静、齐。 2. 教师示范、领做小篮球操，边喊口令，边提示动作要领。 3. 学生自由散点练习运球，教师巡视，设疑、质疑。 **三、要求** 积极参与，认真练习，控制好球。		
	教学内容	运动负荷	
		次数	时间
基本部分	**四、背后、胯下变向运球、原地后转身运球** 1. 背后变向运球：行进间运球两步急停做背后运球换手改变前进方向。 2. 胯下变向运球：行进间运球两步急停做胯下运球换手改变前进方向。	各2次	20至21分钟

续表

<table>
<tr><th></th><th>教学内容</th></tr>
<tr><td>基本部分</td><td>3. 原地后转身运球：转身前，一只脚(中枢脚)不准抬起，用另一只脚后转身移动，中轴脚离地前放球。

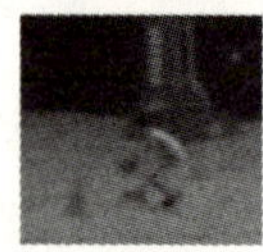   </td></tr>
<tr><th></th><th>教学实施建议</th></tr>
<tr><td>基本部分</td><td>一、组织
成散点队形。

二、学法与教法
1. 分组观看教师示范讲解背后、胯下、原地后转身运球动作要领和要点。
2. 教师带领学生集体练习动作，根据动作要领和要点体会动作，教师巡视辅导学生。
3. 分组表演采用不同形式评价(自我、同学、老师)。

中枢脚始终固定于地面一点 

三、要求
认真练习，体会动作，友好交往，团结协作。</td></tr>
</table>

续表

<table>
<tr><th rowspan="2">教学环节</th><th rowspan="2">教学内容</th><th colspan="2">运动负荷</th><th rowspan="2">教学实施建议</th></tr>
<tr><th>次数</th><th>时间</th></tr>
<tr><td>基本部分</td><td>五、游戏——运球接力

【游戏规则】：
不抢跑，不越线，在指定位置绕障碍折返。
用行进间运球的方法接力。

【教学重点】：
培养抬头运球，用手的感觉控制球和两手都能运球的能力。</td><td>2次</td><td>10至12分钟</td><td>一、组织
分8组，每组4—5人。

二、学法与教法
1. 教师示范游戏方法，讲解游戏规则。
2. 分组练习行进间运球接力。
3. 分组进行行进间运球接力比赛(直线、曲线)。
1)个人冠军赛
2)小组接力赛

三、要求
遵守规则，认真练习，勇于展示自我。</td></tr>
<tr><td>结束部分</td><td>六、放松活动
走进大自然。

七、小结
师生讨论本课的收获和体会。</td><td></td><td>2至3分钟</td><td>一、组织
分8组，每组4—5人。

二、学法与教法
1. 教师讲解。
2. 听音乐放松。
3. 教师提问，学生畅谈，交流本课收获、体会。

三、要求
开动脑筋，集思广益，放松身心，愉悦心情。</td></tr>
</table>

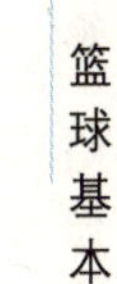

续表

器材	1. 小篮球：33 个；　　2. 呼啦圈 8 个 3. 标志桶 24 个；　　4. 录音机 1 台	课后小结
运动负荷曲线预计		
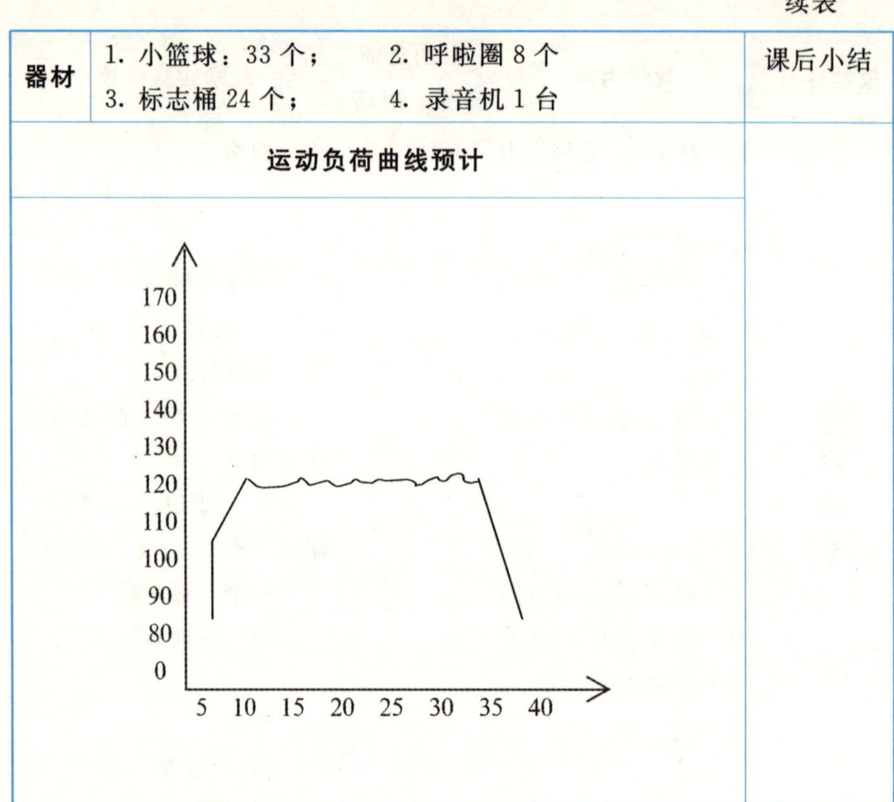		

第5课时
多种形式的运球练习

教学主题	多种形式的运球练习		
教学目标	1. 学习多种形式的运球的动作方法，锻炼在实践中灵活运用技术的能力。 2. 发展上肢小臂肌群，培养抬头运球及上下肢的协调配合能力。 3. 体验篮球活动的乐趣，勇于展示自我，学会与他人友好交往与合作。		
教学环节	教学内容	运动负荷	
		次数	时间
开始准备部分	一、上课式 体委整队，报告人数，师生问好，检查服装，安排见习生。		1分钟
	二、球性练习 1. 双手体前点拨球 2. 单双手上抛接球 3. 头部环绕交接球 4. 腰部环绕交接球 5. 提膝交接球 6. 地滚8字绕球 7. 胯下8字绕球	4×8拍	2至3分钟

第二章 篮球基本知识

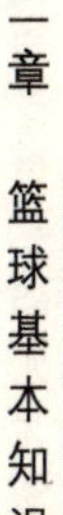

<table>
<tr><th></th><th colspan="3">教学实施建议</th></tr>
<tr><td>开始准备部分</td><td colspan="3">一、组织
分 8 组，每组 4—5 人成体操队形散开。

二、学法与教法
1. 教师协助体委整队，用读秒方法激发班级荣誉感，做到快、静、齐。
2. 教师示范、领做小篮球操，边喊口令，边提示动作要领。
3. 学生自由散点练习运球，教师巡视，设疑、质疑。

三、要求
积极参与，认真练习，控制好球。</td></tr>
<tr><th rowspan="2"></th><th rowspan="2">教学内容</th><th colspan="2">运动负荷</th></tr>
<tr><th>次数</th><th>时间</th></tr>
<tr><td>基本部分</td><td>三、多种形式的运球练习
【动作方法】：
五指张开包住球以肩关节为轴随着运球的路线协调用力。
【教学重点】：
手对球的控制能力及手脚的协调配合。</td><td>各3次</td><td>20至21分钟</td></tr>
</table>

续表

教学环节	教学内容	运动负荷		教学实施建议
		次数	时间	
基本部分	**四、游戏——** **“一对一”抢断球** 【游戏规则】： 听到开始信号后“一对一”抢断球。 双方可以利用肢体边控制球，边抢断对方的球。 运球失误或被对方抢断球成功后可重新开始。 【教学重点】： 培养上下肢协调配合的能力，做到不看球运球，并能观察抢断其他人的球。	2次	10至12分钟	**一、组织** 自由结合，每组2人。 **二、学法与教法** 1. 教师示范游戏方法，讲解游戏规则。 2. 分组练习“一对一”抢断球要球。 3. 分组进行“一对一”抢断球比赛。冠军挑战老师 **三、要求** 遵守规则，认真练习，勇于展示自我。
结束部分	**五、放松活动** 《猜猜谁说话》 **六、小结** 师生讨论本课的收获和体会。		2至3分钟	**一、组织** 成散点队形。 **二、学法与教法** 1. 教师讲解。 2. 听音乐放松。 3. 教师提问，学生畅谈，交流本课收获体会。 **三、要求** 开动脑筋，集思广益，放松身心，愉悦心情。

续表

器材	1. 小篮球：33 个；　2. 呼啦圈 8 个 3. 标志桶 24 个；　4. 录音机 1 台	课后小结
运动负荷曲线预计		
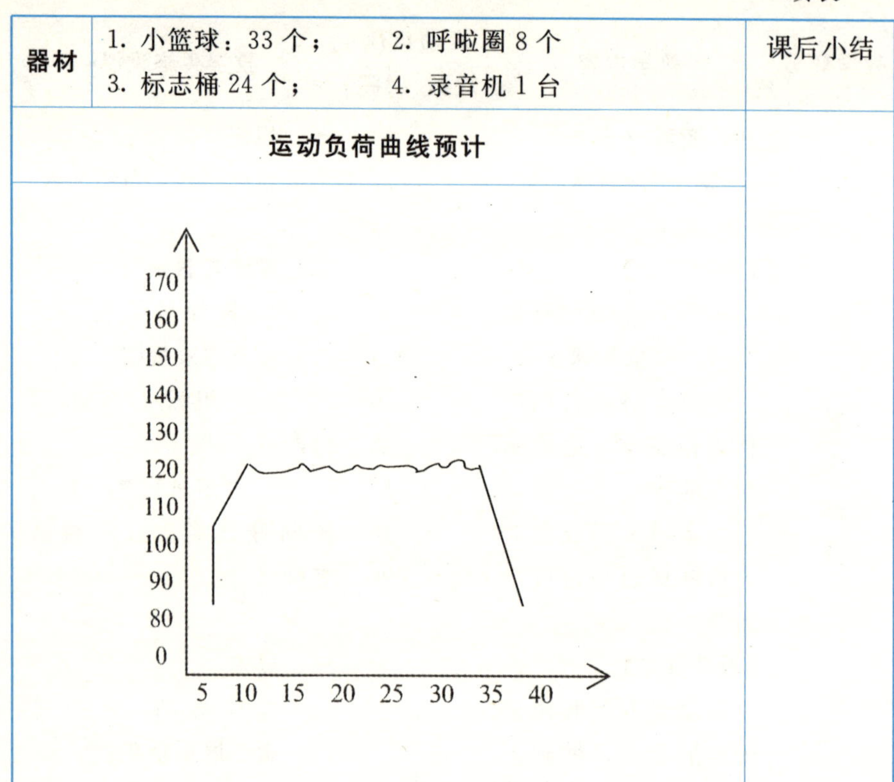		

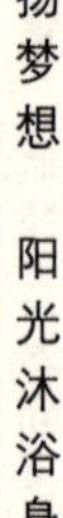

第6课时　行进间运球

教学主题	复习多种形式的运球练习；行进间运球		
教学目标	1. 加深巩固多种形式的运球练习，提高球性。 2. 初步掌握行进间运球技术。 3. 树立自尊与自信，勇于展示自我，学会与他人友好交往与合作的社会适应能力。		
教学环节	教学内容	运动负荷	
		次数	时间
开始准备部分	**一、上课式** 体委整队，报告人数，师生问好，检查服装，安排见习生。		1分钟
	二、小篮球操 1. 双手体前拨动球　2. 单双手上抛球 3. 手指拨球　4. 腰部环绕交接球 5. 提膝交接球　6. 原地左右手运球 7. 后踢腿运球　8. 压手指	各3—4次 4×8拍	3分钟
	三、专项练习 自由运球练习。		2分钟

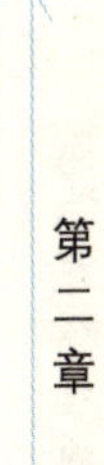

续表

<table>
<tr><td></td><td colspan="3">教学实施建议</td></tr>
<tr><td>开始准备部分</td><td colspan="3">一、组织
分 4 组，每组 10 人成体操队形散开。
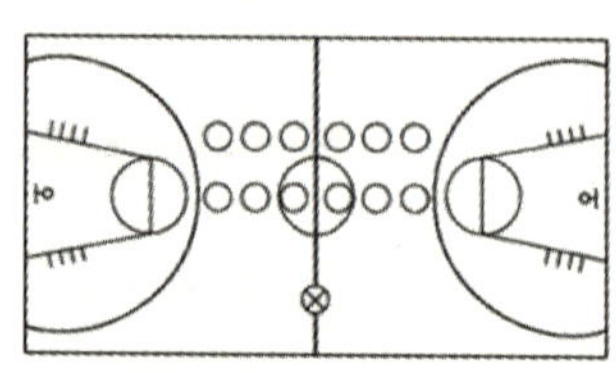
二、学法与教法
1. 教师协助体委整队，用读秒方法激发班级荣誉感，做到快、静、齐。
2. 教师示范、领做小篮球操，边喊口令，边提示动作要领。
3. 学生自由散点练习原地或行进间运球，教师巡视，设疑、质疑。
三、要求
积极参与，认真练习，控制好球。</td></tr>
<tr><td rowspan="2"></td><td rowspan="2">教学内容</td><td colspan="2">运动负荷</td></tr>
<tr><td>次数</td><td>时间</td></tr>
<tr><td>基本部分</td><td>四、多种形式的运球练习
【动作方法】:
1. 原地运球
五指张开包住球，以肩关节为轴随着运球的路线协调用力。
2. 行进间运球(直线、曲线)
向前运球时按拍球的后上方，同时后脚蹬地运球行进，球的落点在同侧脚的前侧方，跑动的步伐要与球弹起的节奏协调一致，手臂的动作与原地运球相同。
【教学重点】:
手对球的控制能力及手脚的协调配合。</td><td>各2次</td><td>10分钟</td></tr>
</table>

续表

	教学实施建议
基本部分	**一、组织** 分 8 组，4—5 人一组，左右距离前后间隔为 2 米。 ∩ ∩ ∩ ∩ ∩ ∩ ∩ ∩  ▼ ▼ ▼ ▼ ▼ ▼ ▼ ▼ **二、学法与教法** 1. 分组观看原地运球示意图，根据动作要领和要点做散点练习，体会动作。 2. 教师带领学生集体练习。 (1)原地高低手(左右手交换进行)运球 (2)原地快速，慢速运球 (3)原地运球，看教师手势报出数字 3. 教师示范行进间运球，讲解动作方法和要点，让学生看清楚原地运球与行进间运球安排部位的不同点。 4. 学生自由散点练习行进间运球，可结合观看行进间运球示意图进行练习。 5. 分组依次做行进间直线运球，教师巡视辅导学生。 6. 分组表演采用不同形式评价(自我、同学、老师)。 7. 分组进行行进间运球比赛(直线曲线)。 (1)个人冠军赛 (2)小组接力赛 直线 4 人一组向前运球 曲线 4 人一组从大排头绕标直筒圈运球 **三、要求** 认真练习，体会动作，友好交往，团结协作。

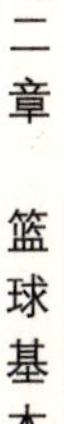

续表

<table>
<tr><td rowspan="2"></td><td rowspan="2">教学内容</td><td colspan="2">运动负荷</td></tr>
<tr><td>次数</td><td>时间</td></tr>
<tr><td>基本部分</td><td>五、行进间运球

【教学任务】：
基本掌握行进间运球技术。
1. 熟练地进行直线运球。
2. 运球时能够保持正确的姿势。

【教学重点】：
拍按球的部位和身体的协调配合。
1. 右手运球，左手护球，双腿微屈。
2. 行进间运球过程中，眼睛目视前方，保持低重心。</td><td>10次

10次</td><td>20分钟</td></tr>
<tr><td colspan="4">教学实施建议</td></tr>
<tr><td>基本部分</td><td colspan="3">一、组织
分 4 组，每组 10 人成体操队形散开。
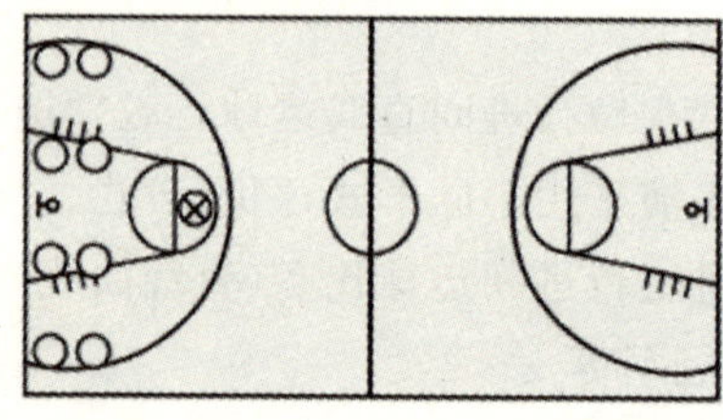

二、学法与教法
1. 学生一人一球，原地练习高、低运球。
练习要求：提高原地控制球的能力。
2. 学生分成两组，一人一球分别站在端线上，听教师口令向前慢跑分别练习行进间高、低运球。

三、要求
抬头运球，拍按球的部位正确，全身配合协调。</td></tr>
</table>

续表

<table>
<tr><th rowspan="2"></th><th rowspan="2">教学内容</th><th colspan="2">运动负荷</th><th rowspan="2">教学实施建议</th></tr>
<tr><th>次数</th><th>时间</th></tr>
<tr><td>结束部分</td><td>**六、放松运动**
运球接力比赛。

七、小结本课
注意基本动作的正确性。

八、布置课外作业
对一些基础不好的同学加强球性的练习，能力较强的同学进行巩固练习。

九、归还器材、宣布下课</td><td>2次</td><td>4分钟</td><td>**一、原地放松练习**

二、上课队形小结

要求：集合迅速，认真听讲。

三、课后练习今天学习的内容</td></tr>
<tr><td>器材</td><td colspan="3">小篮球：20个，篮球架2副。</td><td>课后小结</td></tr>
<tr><td colspan="4">运动负荷曲线预计

180 170 160 150 140 130 120 110 90 80 0
5 10 15 20 25 30 35 40</td><td></td></tr>
</table>

第7课时　行进间直线运球

<table>
<tr><td>教学主题</td><td colspan="3">复习行进间运球；学习行进间直线运球</td></tr>
<tr><td>教学目标</td><td colspan="3">1. 通过巩固直线运球的能力，加强运球的稳定和提高速度。
2. 通过学习行进间运球急停、急起，使同学们更好的在球场上控制球权。
3. 培养勇于拼搏的顽强作风。</td></tr>
<tr><td rowspan="2">教学环节</td><td rowspan="2">教学内容</td><td colspan="2">运动负荷</td></tr>
<tr><td>次数</td><td>时间</td></tr>
<tr><td>开始准备部分</td><td>一、上课式
体委整队，报告人数，师生问好，检查服装，安排见习生。
二、准备活动
1. 扩胸运动　2. 振臂运动
3. 体转运动　4. 体侧运动
5. 腹背运动　6. 正压腿运动
7. 侧压腿运动
三、专项练习
自由运球练习。</td><td>各3—4次
4×8拍</td><td>1分钟
3分钟
2分钟</td></tr>
</table>

续表

	教学实施建议
开始准备部分	**一、组织** 分 4 组，每组 10 人成体操队形散开。 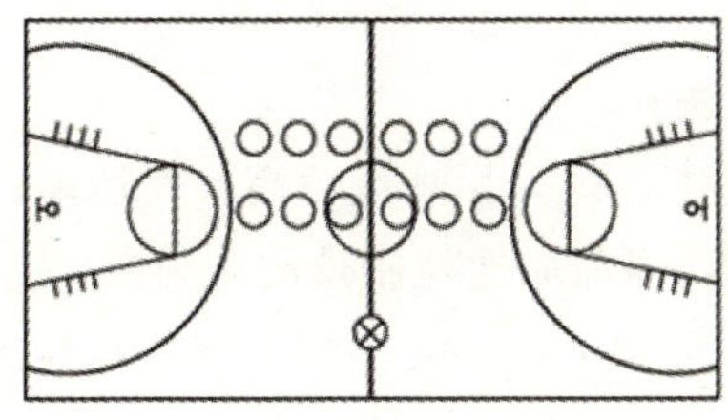 **二、学法与教法** 1. 教师协助体委整队，用读秒方法激发班级荣誉感，做到快、静、齐。 2. 教师示范、领做准备活动，边喊口令，边提示动作要领。 3. 学生自由散点练习原地或行进间运球，教师巡视，设疑、质疑。 **三、要求** 积极参与，认真练习，控制好球。

	教学内容	运动负荷	
		次数	时间
基本部分	**四、复习行进间运球** 【教学任务】: 基本掌握行进间运球技术。 1. 熟练地进行直线运球。 2. 运球时能够保持正确的姿势。 【教学重点】: 拍按球的部位和身体的协调配合。 1. 右手运球，左手护球，双腿微屈。 2. 行进间运球过程中，眼睛目视前方，保持低重心。	各5次	10分钟

续表

<table>
<tr><th></th><th>教学实施建议</th></tr>
<tr><td>基本部分</td><td>一、组织
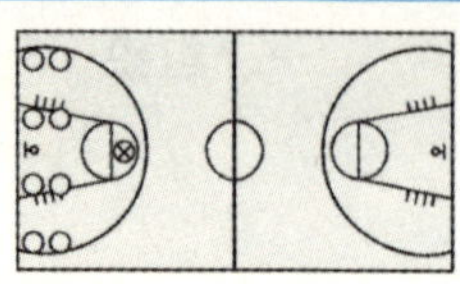
分 4 组，每组 10 人成体操队形散开。
二、学法与教法
1. 学生一人一球，原地练习高、低运球。
练习要求：提高原地控制球的能力。
2. 学生分成两组，一人一球分别站在端线上，听教师口令向前慢跑分别练习行进间高、低运球。
三、要求
抬头运球，拍按球的部位正确，全身配合协调。</td></tr>
</table>

<table>
<tr><th rowspan="2"></th><th rowspan="2">教学内容</th><th colspan="2">运动负荷</th></tr>
<tr><th>次数</th><th>时间</th></tr>
<tr><td>基本部分</td><td>五、学习行进间直线运球
【教学任务】：
明确篮球原地运球，直线运球的技术原理动作。
【教学重点】：
掌握手指分开，掌心空出的运球手法和直线运球的运球部位。</td><td>10 次</td><td>15 分钟</td></tr>
</table>

<table>
<tr><th></th><th>教学实施建议</th></tr>
<tr><td>基本部分</td><td>一、组织
分四组，每组 8 人成体操队形散开。
二、学法与教法
1. 学生回忆行进间运球的基本动作。
2. 根据老师的要求做各种姿势的运球练习。
3. 认真体会直线运球的动作要领。</td></tr>
</table>

续表

<table>
<tr><th rowspan="2"></th><th rowspan="2">教学内容</th><th colspan="2">运动负荷</th></tr>
<tr><th>次数</th><th>时间</th></tr>
<tr><td>基本部分</td><td>六、游戏：运球竞赛
【教学任务】：
通过游戏的方式让学生巩固直线运球技术。
【教学重点】：
保持运球姿势正确。</td><td>各1次</td><td>6分钟</td></tr>
<tr><th></th><th colspan="3">教学实施建议</th></tr>
<tr><td>基本部分</td><td colspan="3">一、组织
分 5 组，每组 8 人分站在篮球场的底线。
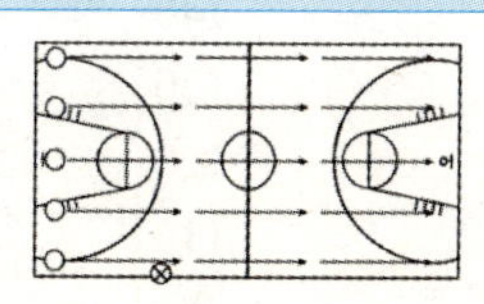
二、学法与教法
1. 学生分成五组站在篮球场右侧的底线延长线。
2. 站在端线第一名学生分别拿一球，听到哨声以后用直线运球快速前进。
三、要求
抬头运球，拍按球的部位正确，全身配合协调。</td></tr>
</table>

<table>
<tr><th rowspan="2"></th><th rowspan="2">教学内容</th><th colspan="2">运动负荷</th><th rowspan="2">教学实施建议</th></tr>
<tr><th>次数</th><th>时间</th></tr>
<tr><td>结束部分</td><td>七、放松运动
运球接力比赛。
八、小结本课
注意基本动作的正确性。
九、布置课外作业
对一些基础不好的同学加强球性的练习，能力较强的同学进行巩固练习。</td><td>2次</td><td>3分钟</td><td>一、原地放松练习
二、上课队形小结
要求：集合迅速，认真听讲。
三、课后练习今天学习的内容</td></tr>
</table>

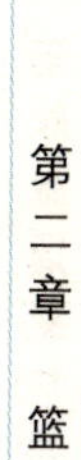

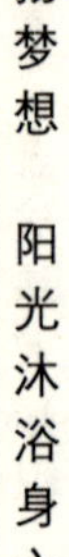

续表

器材	小篮球：20 个，篮球架 2 副。	课后小结
运动负荷曲线预计		
180 170 160 150 140 130 120 110 90 80 0 5 10 15 20 25 30 35 40		

第8课时 行进间运球急停、急起

<table>
<tr><td>教学主题</td><td colspan="3">复习行进间直线运球；学习行进间急停、急起运球</td></tr>
<tr><td>教学目标</td><td colspan="3">1. 通过巩固直线运球的能力，加强运球的稳定和提高速度。
2. 通过学习行进间运球急停、急起，使同学们更好的在球场上控制球权。
3. 培养勇于拼搏的顽强作风。</td></tr>
<tr><td rowspan="2">教学环节</td><td rowspan="2">教学内容</td><td colspan="2">运动负荷</td></tr>
<tr><td>次数</td><td>时间</td></tr>
<tr><td>开始准备部分</td><td>一、上课式
体委整队，报告人数，师生问好，检查服装，安排见习生。

二、准备活动
1. 扩胸运动　2. 振臂运动
3. 体转运动　4. 体侧运动
5. 腹背运动　6. 正压腿运动
7. 侧压腿运动

三、游戏
沿线运球追逐。</td><td>各3—4次

4×8拍</td><td>1分钟

3分钟

2分钟</td></tr>
</table>

续表

<table>
<tr><td></td><td colspan="3">教学实施建议</td></tr>
<tr><td>开始准备部分</td><td colspan="3">一、组织
分 4 组，每组 10 人成体操队形散开。
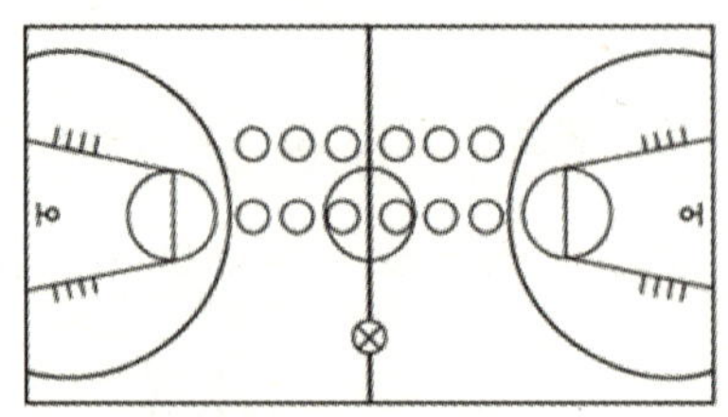
二、学法与教法
1. 学生一路纵队绕篮球场慢跑 5 圈。
2. 分别活动腕、膝、踝、颈、肩、腰等身体各关节。
3. 游戏方法：学生一人一球，分散站在球场的各条线上，游戏开始，一人运球去追逐其他在线上的运球人，追到就交换。
规则：只准沿线运球。
三、要求
积极参与，认真练习，控制好球。</td></tr>
<tr><td></td><td>教学内容</td><td colspan="2">运动负荷</td></tr>
<tr><td></td><td></td><td>次数</td><td>时间</td></tr>
<tr><td>基本部分</td><td>四、复习行进间运球
【教学任务】：
熟练行进间运球技术。
明确篮球原地运球，直线运球的技术原理动作。
【教学重点】：
拍按球的部位和身体的协调配合。
掌握手指分开，掌心空出的运球手法和直线运球的运球部位。</td><td>2 次</td><td>5 分钟</td></tr>
</table>

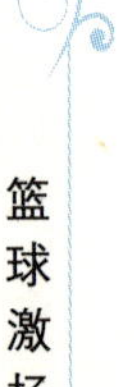

续表

<table>
<tr><th></th><th colspan="3">教学实施建议</th></tr>
<tr><td>基本部分</td><td colspan="3">一、组织
分 4 组，每组 10 人。

二、学法与教法
1. 学生一人一球，原地练习高、低运球。
练习要求：提高原地控制球的能力。
2. 学生分成两组，听哨声分别进行行进间高运球和低运球。

三、要求
抬头运球，拍按球的部位正确，全身配合协调。</td></tr>
<tr><th rowspan="2"></th><th rowspan="2">教学内容</th><th colspan="2">运动负荷</th></tr>
<tr><th>次数</th><th>时间</th></tr>
<tr><td>基本部分</td><td>五、复习行进间直线运球
【教学任务】：
掌握篮球运球急停、急起的技术动作要点。
【教学重点】：
利用跨步急停动作，用手按拍球的前上方，变为暂时的原地运球，用臂、身体和腿部保护球；急起时，身体重心迅速前移，后脚用力蹬地跨出，同时用手按拍球的后上方，推球前进。
注意眼不要看球，要学会观察场上情况。</td><td>2 次</td><td>5 分钟</td></tr>
<tr><th></th><th colspan="3">教学实施建议</th></tr>
<tr><td>基本部分</td><td colspan="3">一、组织
分四组，每组 8 人成体操队形散开。

二、学法与教法
1. 学生回忆行进运球的基本动作。
2. 根据老师的要求做各种姿势的运球练习。

三、要求
认真体会直线运球的动作要领。</td></tr>
</table>

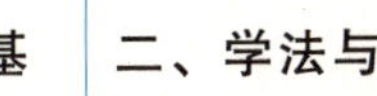

续表

	教学内容	运动负荷	
		次数	时间
基本部分	**六、学习行进间运球急停、急起** 【教学任务】: 掌握篮球运球急停、急起的技术动作要点。 【教学重点】: 利用跨步急停动作，用手按拍球的前上方，变为暂时的原地运球，用臂、身体和腿部保护球。急起时，身体重心迅速前移，后脚用力蹬地跨出，同时用手按拍球的后上方，推球前进。	10次	10分钟
	教学实施建议		
基本部分	**一、组织** 分四组，每组10人成体操队形散开。 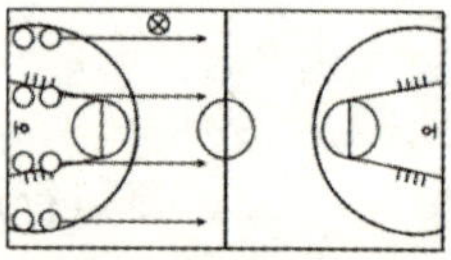 **二、学法与教法** 1. 学生分成四组，站立于端线，练习行进间急停、急起运球。 2. 教师示范讲解，学生练习时注意体会急停、急起的动作要领。 **三、要求** 按动作方法认真体会，急停要稳、急起要快。		

	教学内容	运动负荷		教学实施建议
		次数	时间	
结束部分	**七、放松运动** 原地的做一些跨步、跳步急停动作。 **八、小结本课** 本节课在直线运球的基础上学习了急停、急起。注意急停时支撑腿的位置。 **九、归还器材、宣布下课**	2次	4分钟	**一、原地放松练习** **二、上课队形小结** 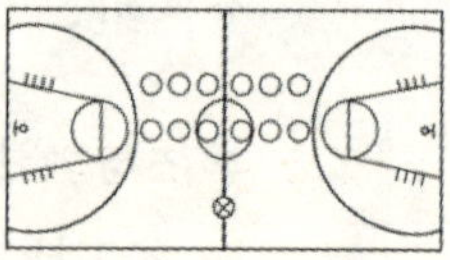 要求：集合迅速，认真听讲。 **三、课后练习今天学习的内容**

续表

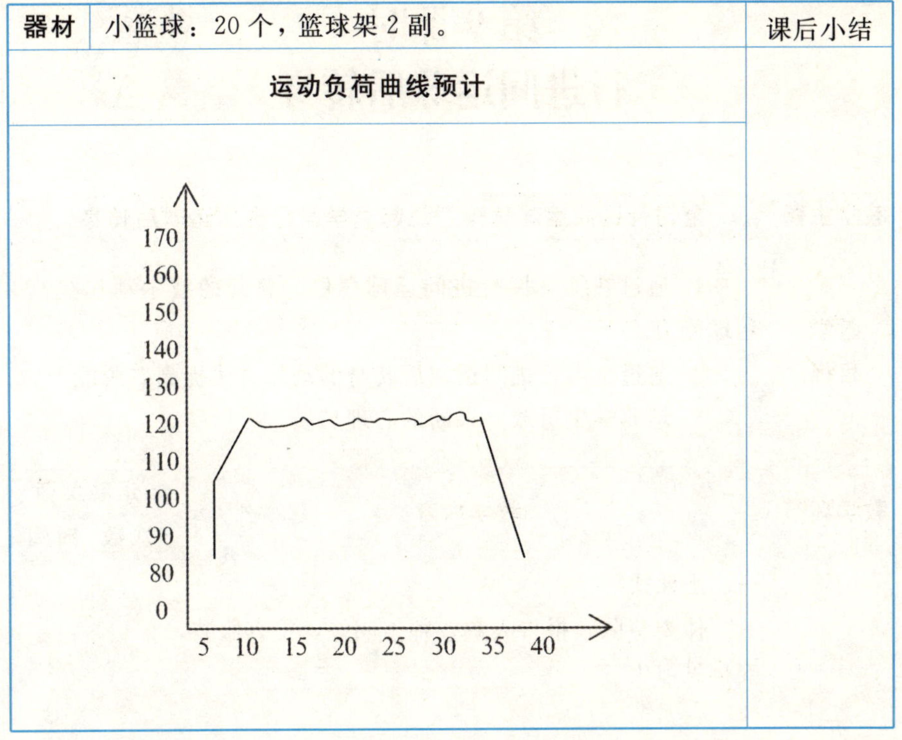

器材	小篮球：20 个，篮球架 2 副。	课后小结
运动负荷曲线预计		

第9课时 行进间运球后转身

<table>
<tr><td>教学主题</td><td colspan="3">复习行进间运球急停、急起；学习行进间运球后转身</td></tr>
<tr><td>教学目标</td><td colspan="3">1. 通过熟练掌握行进间运球急停、急起的技术动作提高运球能力。
2. 通过学习行进间运球后转身的动作方法提高摆脱能力。
3. 培养学生勇敢、果断的心理品质。</td></tr>
<tr><td rowspan="2">教学环节</td><td rowspan="2">教学内容</td><td colspan="2">运动负荷</td></tr>
<tr><td>次数</td><td>时间</td></tr>
<tr><td>开始准备部分</td><td>一、上课式
体委整队，报告人数，师生问好，检查服装，安排见习生。

二、各种跑的练习
1. 慢跑　2. 高抬腿跑
3. 后踢腿跑　4. 侧踢腿跑
5. 跳步向上跳　6. 跳步体转跳
7. 跳步体侧跳　8. 加速跑

三、专项练习
自由运球练习。</td><td>1次</td><td>2分钟

5分钟时间</td></tr>
</table>

篮球激扬梦想 阳光沐浴身心

续表

<table>
<tr><th></th><th colspan="3">教学实施建议</th></tr>
<tr><td>开始准备部分</td><td colspan="3">一、组织
分 8 组，每组 4—5 人成体操队形散开。
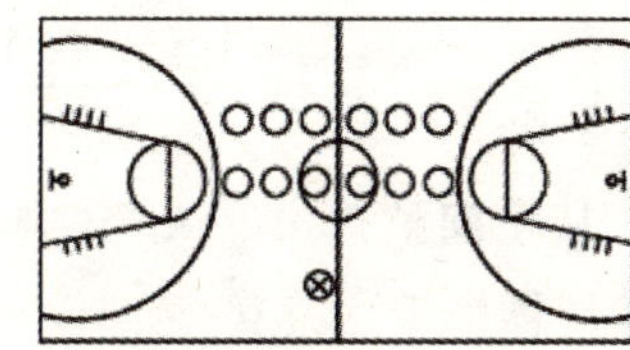 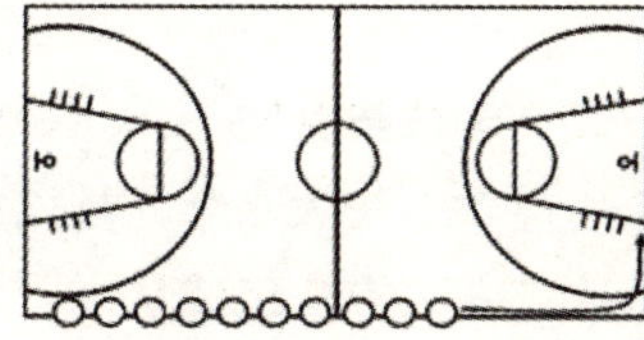
二、学法与教法
1. 教师协助体委整队，用读秒方法激发班级荣誉感，做到快、静、齐。
2. 教师示范、领做准备活动，边喊口令，边提示动作要领。
三、要求
积极参与，认真练习。</td></tr>
<tr><th rowspan="2"></th><th rowspan="2">教学内容</th><th colspan="2">运动负荷</th></tr>
<tr><th>次数</th><th>时间</th></tr>
<tr><td>基本部分</td><td>四、游戏：“老鹰捉小鸡”
【游戏方法】：
1 人充当“老鹰”，其他同学从大排头往后每人抱住前一人的腰成一纵向长“龙”，大排头充当“老母鸡”伸开双臂阻挡“老鹰”的捕捉，“老鹰”则想办法绕开“老母鸡”的阻挡去抓最后一只小鸡，抓住一个下一个，直至将“老母鸡”后面的小鸡抓光。
【教学重点】：
提高快速移动和反应能力。</td><td>1 次</td><td>3 分钟</td></tr>
</table>

续表

	教学实施建议
基本部分	**一、组织** 学生站成一队在篮球场中央。 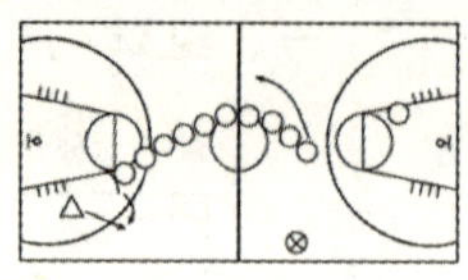 **二、学法与教法** 学生按大小个一排站好，从中间抽选出一人当“老鹰”，其他人按左边方法组成队形，在篮球场中进行游戏。 **三、要求** 积极参与，并达到充分活动开身体。

	教学内容	运动负荷	
		次数	时间
基本部分	**五、复习行进间运球急停、急起** 【教学任务】： 掌握篮球运球急停、急起的技术动作要点。 注意不要走步。 【教学重点】： 利用跨步急停动作，用手按拍球的前上方，变为暂时的原地运球，用臂、身体和腿部保护球；急起时，身体重心迅速前移，后脚用力蹬地跨出，同时用手按拍球的后上方，推球前进。 注意眼不要看球，要学会观察场上情况。	次数	7分钟

	教学实施建议
基本部分	**一、组织** 分四组，每组 10 人成体操队形散开。 **二、学法与教法** 教师示范讲解，学生分组练习时注意体会动作要领。 **三、要求** 按动作方法认真体会，急停要稳、急起要快。

续表

	教学内容	运动负荷	
		次数	时间
基本部分	**六、学习行进间运球后转身** 【动作方法】： 动作方法(以右手运球为例)：当对手堵截运球路线时，运球队员将球控制在身体右侧。左脚向前跨出一步为中枢脚，置于对手两脚之间，然后右脚用力蹬地后撤，顺势做后转身动作。在转身的同时，右手按拍球的右前方，将球拉引身体的侧后方落地，转身后换用左手推拍球，从对手的身体右侧突破。 【教学重点】： 运球转身时，使上臂紧贴躯干来减小球的转动半径，同时运球臂提拉球的动作和脚的蹬地，跨步、转身动作紧密结合。转身时要加力运球，以加大球的反作用力，增加手触球的时间，利于拉引球动作的完成。	1次 1次 各1次	20分钟
	教学实施建议		
基本部分	**一、组织** 分8组，每组4—5人。 **二、学法与教法** 1. 教师示范动作方法，讲解动作要领。 2. 分组练习行进间运球后转身练习。 **三、要求** 遵守规则，认真练习，勇于展示自我。		

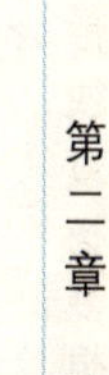

续表

	教学内容	运动负荷		教学实施建议
		次数	时间	
结束部分	**七、放松运动** 运球投篮练习。 **八、小结本课** 通过本节课，同学们要掌握运球时的后转身，合理的运用蹬地，跨步，转身等动作。 **九、布置课外作业** **十、归还器材、宣布下课**	2次	3分钟	**一、原地放松练习** **二、上课队形小结** 要求：集合迅速，认真听讲。 **三、课后练习今天学习的内容**
器材	小篮球：20个，篮球架2副。			课后小结

运动负荷曲线预计

180
170
160
150
140
130
120
110
90
80
0
5 10 15 20 25 30 35 40

第10课时
移步技术(滑步、撤步)

<table>
<tr><td>教学主题</td><td colspan="3">学习移动技术(滑步、撤步)</td></tr>
<tr><td>教学目标</td><td colspan="3">1. 提高行进间运球能力。
2. 基本掌握滑步、撤步的动作方法。
3. 发扬吃苦耐劳的精神。</td></tr>
<tr><td rowspan="2">教学环节</td><td rowspan="2">教学内容</td><td colspan="2">运动负荷</td></tr>
<tr><td>次数</td><td>时间</td></tr>
<tr><td>开始准备部分</td><td>一、上课式
体委整队，报告人数，师生问好，检查服装，安排见习生。

二、准备活动
1. 原地高、低运球　2. 原地前后推拉运球
3. 原地体前换手运球　4. 原地绕体运球
5. 行进间高运球　6. 行进间低运球
7. 行进间绕圆运球</td><td>各3—4次

4×8拍</td><td>1分钟

4分钟</td></tr>
</table>

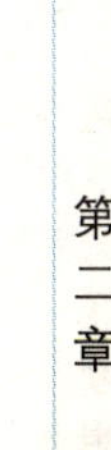

第二章　篮球基本知识

续表

<table>
<tr><th></th><th colspan="3">教学实施建议</th></tr>
<tr><td>开始准备部分</td><td colspan="3">一、组织
分 8 组，每组 4—5 人成体操队形散开。
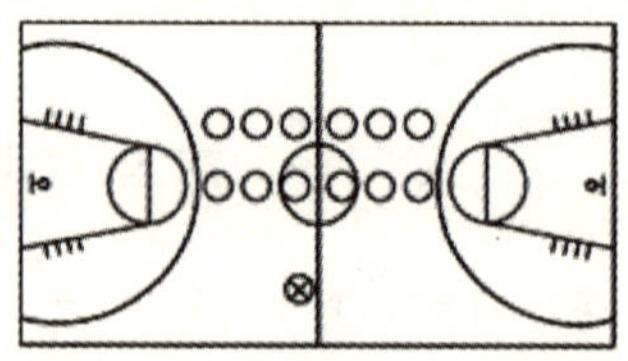
二、学法与教法
1. 教师协助体委整队，用读秒方法激发班级荣誉感，做到快、静、齐。
2. 原地成体操队形，分别活动身体的各关节。
三、要求
积极参与，认真练习。充分活动开身体。</td></tr>
<tr><th rowspan="2"></th><th rowspan="2">教学内容</th><th colspan="2">运动负荷</th></tr>
<tr><th>次数</th><th>时间</th></tr>
<tr><td>基本部分</td><td>三、学习移动技术(滑步、撤步)

【教学任务】：
基本上掌握滑步、撤步的动作方法。

【动作方法与动作要点】：
滑步分为侧滑步、前滑步、后滑步三种。
1. 侧滑步
动作方法：两脚平行站立，两膝较深弯曲，上体略前倾，两臂侧伸。向左侧滑步时，左脚向左迈出同时，右脚蹬地滑动，向左脚靠近，两脚保持一定距离，左脚继续跨出。
动作要点：侧滑步时，要保持屈膝、低重心的姿势，身体不要上下起伏，两腿不要交叉，重心保持在两腿之间，两眼注视对手。</td><td>5 次</td><td>10 分钟</td></tr>
</table>

续表

<table>
<tr><td></td><td colspan="3">教学实施建议</td></tr>
<tr><td>基本部分</td><td colspan="3">一、组织
学生分为四队，每队 10 人。
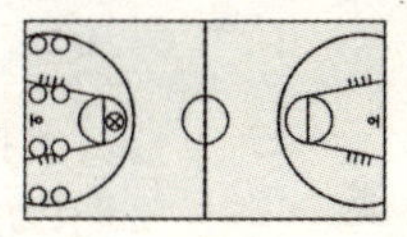
二、学法与教法
1. 讲解滑步、撤步技术的概念、分类和运用。
2. 讲解滑步、撤步技术动作方法。
3. 完整示范滑步、撤步技术的动作方法。
4. 讲解滑步、撤步动作要点。
三、要求
认真听讲，了解技术要领。</td></tr>
<tr><td rowspan="2"></td><td rowspan="2">教学内容</td><td colspan="2">运动负荷</td></tr>
<tr><td>次数</td><td>时间</td></tr>
<tr><td>基本部分</td><td>2. 前滑步
动作方法：两脚前后站立，向前滑步时，前脚向前迈出一步，着地的同时，后脚紧随着向前滑动，保持前后开立姿势，注意屈膝，降低重心。
动作要点：前滑步时，保持屈膝降低重心，身体不要上下起伏，前脚同侧臂上举，另一臂侧下张开。</td><td>5 次</td><td>10 分钟</td></tr>
<tr><td></td><td colspan="3">教学实施建议</td></tr>
<tr><td>基本部分</td><td colspan="3">一、组织
学生分为四队，每队 10 人。
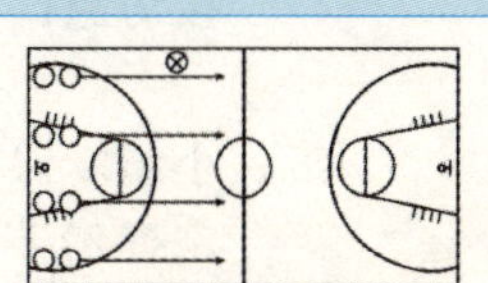
二、学法与教法
1. 教师示范动作方法，讲解动作要领。
2. 侧滑步、前滑步学生分两排，体操队形散开站立于端线，听教师口令练习。
三、要求
滑步时注意屈膝降重心，身体不要上下起伏。</td></tr>
</table>

续表

	教学内容	运动负荷	
		次数	时间
基本部分	3. 后撤步 动作方法：做后撤步时，用前脚的脚前掌内侧蹬地，同时腰部用力向后转动，后脚碾蹬地面，前脚快速后撤，紧接滑步调整防守位置。 动作要点：前脚蹬地后撤要快，后脚碾地，扭腰转髋要猛，后撤角度不宜过大，身体不要起伏。	5次	10分钟
	教学实施建议		
基本部分	**一、组织** 分 8 组，每组 4—5 人。 **二、学法与教法** 1. 教师示范动作方法，讲解动作要领。 2. 后撤步练习时学生分两排，体操队形散开站立于端线，听教师口令练习。 **三、要求** 滑步时注意屈膝降重心，身体不要上下起伏，转髋的动作要快。		

	教学内容	运动负荷		教学实施建议
		次数	时间	
结束部分	**四、放松运动** 接力跑比赛。 **五、小结本课** 掌握滑步、撤步的动作方法。 **六、布置课外作业** 两个同学比一比谁的脚步移动快。 **七、归还器材、宣布下课**	2次	4分钟	**一、原地放松练习** **二、上课队形小结** 要求：集合迅速，认真听讲。 **三、课后练习今天学习的内容**

续表

<table>
<tr><td>器材</td><td>小篮球：20 个，篮球架 2 副。</td><td>课后小结</td></tr>
<tr><td colspan="2">运动负荷曲线预计</td><td rowspan="2"></td></tr>
<tr><td colspan="2">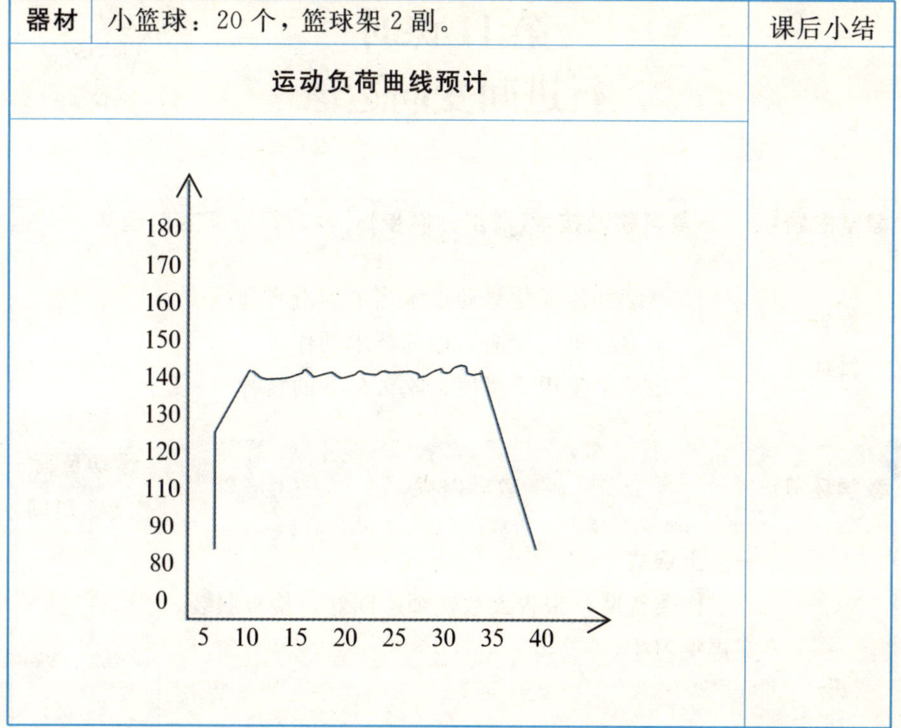
</td></tr>
</table>

第11课时
行进间变向运球

教学主题	复习移动技术(滑步、撤步)；学习行进间变向运球		
教学目标	1. 继续加深强化移动技术当中的滑步和撤步。 2. 学习行进间变向运球的技术动作。 3. 培养学生勇于拼搏，吃苦耐劳的精神。		
教学环节	教学内容	运动负荷	
		次数	时间
开始准备部分	**一、上课式** 体委整队，报告人数，师生问好，检查服装，安排见习生。 **二、准备活动** 1. 头部运球　2. 扩胸运动 3. 振臂运动　4. 体转运动 5. 体侧运动　6. 腹背运动 7. 跳跃运动　8. 正压腿运动	4×8拍	2分钟 3分钟

续表

	教学实施建议
开始准备部分	**一、组织** 分 8 组，每组 4—5 人成体操队形散开。 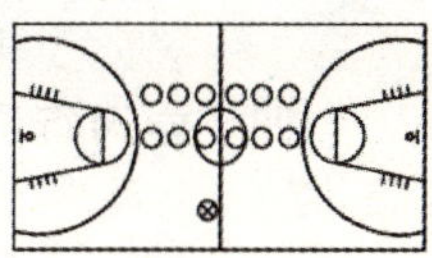 **二、学法与教法** 1. 教师协助体委整队，用读秒方法激发班级荣誉感，做到快、静、齐。 2. 教师示范，领做准备活动，边喊口令，边提示动作要领。 **三、要求** 积极参与，认真练习。

	教学内容	运动负荷		教学实施建议
		次数	时间	
基本部分	**三、复习移动技术** （滑步、撤步） 【教学任务】： 提高移动技术。 两人一组，一个同学做滑步，一个同学做撤步。 【教学重点】： 重心控制，全身配合协调。 重心的变换要快，要稳。	2 次	5 分钟	**一、组织** 学生分为 4 组，每组 8—10 人。 **二、学法与教法** 练习前滑步和侧滑步时，学生分两组站立于端线，听教师口令练习前、侧滑步。 **三、要求** 重心低，滑步要快。

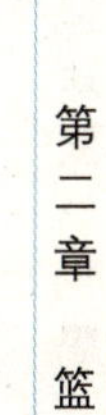

续表

	教学内容	运动负荷		教学实施建议
		次数	时间	
基本部分	四、学习行进间变向运球 【教学任务】： 掌握行进间变向运球的技术动作要领。 【教学重点】： 在体前变向时注意球和身体重心的控制，变向时，蹬地转身。	5次	20分钟	一、组织 学生分为两组，站在端线一侧。 二、学法与教法 “之”字形变向运球，学生分两组，一人一球站立于端线，中速跑练习体前变向换手运球。 三、要求 变向时重心低，蹬地转体。
结束部分	五、放松运动 柔韧性练习。 六、小结本课 体前变向时注意球和身体重心的控制，变向时，蹬地转身。 七、布置课外作业 多做一些重心转移的活动，如两人快速追跑等。 八、归还器材、宣布下课	2次	4分钟	一、原地放松练习 二、上课队形小结 要求：集合迅速，认真听讲。 三、课后练习今天学习的内容

续表

<table>
<tr><td>器材</td><td>小篮球：20 个，篮球架 2 副。</td><td>课后小结</td></tr>
<tr><td colspan="2">运动负荷曲线预计</td><td rowspan="2"></td></tr>
<tr><td colspan="2">180
170
160
150
140
130
120
110
90
80
0
5 10 15 20 25 30 35 40</td></tr>
</table>

第 12 课时
运球急停、急起的动作方法

<table>
<tr><td>教学主题</td><td colspan="3">复习行进间变向运球；学习运球急停、急起的动作方法</td></tr>
<tr><td>教学目标</td><td colspan="3">1. 复习巩固行进间变向运球技术。
2. 学习运球急停、急起的动作方法。
3. 培养勇于拼搏的顽强作风。</td></tr>
<tr><td rowspan="2">教学环节</td><td rowspan="2">教学内容</td><td colspan="2">运动负荷</td></tr>
<tr><td>次数</td><td>时间</td></tr>
<tr><td>开始准备部分</td><td>一、上课式
体委整队，报告人数，师生问好，检查服装，安排见习生。

二、各种跑的练习
1. 扩胸运动　2. 振臂运动
3. 体转运动　4. 体侧运动
5. 腹背运动　6. 正压腿运动
7. 侧压腿运动

三、专项练习
沿线运球追逐。</td><td>各3至4次

4×8拍</td><td>1分钟

3分钟

2分钟</td></tr>
</table>

续表

<table>
<tr><th></th><th colspan="3">教学实施建议</th></tr>
<tr><td>开始准备部分</td><td colspan="3">

一、组织

分 8 组，每组 4—5 人成体操队形散开。

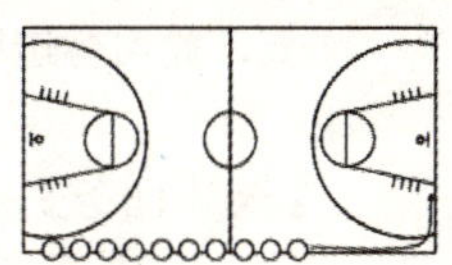

二、学法与教法

1. 学生一路纵队绕篮球场慢跑 5 圈。

2. 分别活动腕、膝、踝、颈、肩、腰等身体各关节。

3. 游戏方法：学生一人一球，分散站在球场的各条线上，游戏开始，一人运球去追逐其他在线上的运球人，追到就交换。

规则：只准沿线运球。

三、要求

积极参与，认真练习，控制好球。

</td></tr>
<tr><th rowspan="2"></th><th rowspan="2">教学内容</th><th colspan="2">运动负荷</th><th rowspan="2">教学实施建议</th></tr>
<tr><th>次数</th><th>时间</th></tr>
<tr><td>基本部分</td><td>

四、各种跑的练习

1. 慢跑
2. 高抬腿跑
3. 后踢腿跑
4. 侧踢腿跑
5. 跑步向上跳
6. 跑步体转跳
7. 跑步体侧跳
8. 加速跑

</td><td>各1次</td><td>5分钟</td><td>

一、组织

学生在篮球场的边线站成一队。

二、学法与教法

教师示范、领做准备活动，边喊口令，边提示动作要领。

三、要求

积极参与，认真练习。

</td></tr>
</table>

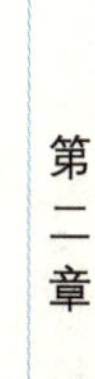

	教学内容	运动负荷		教学实施建议
		次数	时间	
基本部分	**五、复习行进间变向运球** 【教学任务】： 掌握行进间变向运球的技术动作要领，双手运球要合理熟练。在加快速度的同时，变向要快。 【教学重点】： 在体前变向时注意球和身体重心的控制，变向时蹬地转身。练习中要多做蹬地转身，要控制重心的稳定。	2次	5分钟	**一、组织** 学生分为两组，站在端线一侧。 **二、学法与教法** “之”字形变向运球，学生分两组，一人一球站立于端线，中速跑练习体前变向换手运球。 **三、要求** 变向时重心低，蹬地转体。
	六、学习行进间运球急停、急起 【教学任务】： 掌握篮球运球急停、急起的技术动作要点。 【教学重点】： 利用跨步急停动作，用手按拍球的前上方，变为暂时的原地运球，用臂、身体和腿部保护球；急起时，身体重心迅速前移，后脚用力蹬地跨出，同时用手按拍球的后上方，推球前进。	2次	4分钟	**一、组织** 分四组，每组10人成体操队形散开 **二、学法与教法** 1. 学生分成四组，站立于端线，练习行进间急停、急起运球。 2. 教师示范讲解，学生练习时注意体会急停、急起的动作要领。 **三、要求** 按动作方法认真体会，急停要稳、急起要快。

续表

<table>
<tr><th rowspan="2"></th><th rowspan="2">教学内容</th><th colspan="2">运动负荷</th><th rowspan="2">教学实施建议</th></tr>
<tr><th>次数</th><th>时间</th></tr>
<tr><td>结束部分</td><td>七、放松运动
练习双手运两个球。

八、小结本课
1. 掌握篮球运球急停、急起的技术动作要点。
2. 学会用臂、身体和腿部保护球。

九、归还器材、宣布下课</td><td>2次</td><td>3分钟</td><td>一、原地放松练习

二、上课队形小结

要求：集合迅速，认真听讲。

三、课后练习今天学习的内容</td></tr>
<tr><td>器材</td><td colspan="3">小篮球：20 个，篮球架 2 副。</td><td>课后小结</td></tr>
<tr><td colspan="4">运动负荷曲线预计</td><td rowspan="2"></td></tr>
<tr><td colspan="4">180
170
160
150
140
130
120
110
90
80
0
5 10 15 20 25 30 35 40</td></tr>
</table>

第 13 课时 复习行进间变向运球和运球急停、急起

教学主题	复习行进间变向运球和运球急停、急起		
教学目标	1. 通过行进间球性练习增加学生手指手腕对球的支配能力。 2. 复习行进间变向运球和运球急停、急起的动作要领。 3. 通过篮球锻炼提高学生的心理素质。		
教学环节	教学内容	运动负荷	
		次数	时间
开始准备部分	**一、上课式** 体委整队，报告人数，师生问好，检查服装，安排见习生。 **二、各种跑的练习** 1. 头部运球　2. 扩胸运动 3. 振臂运动　4. 体转运动 5. 体侧运动　6. 腹背运动 7. 跳跃运动　8. 正压腿运动	4×8拍	2分钟 3分钟

续表

	教学实施建议
开始准备部分	**一、组织** 分 8 组，每组 4—5 人成体操队形散开。 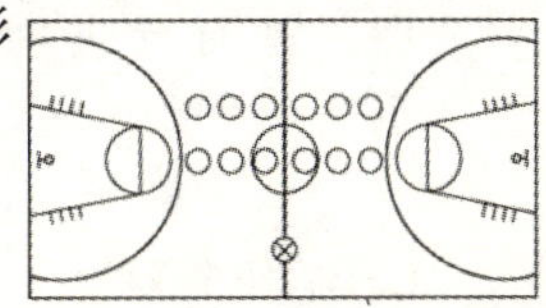 **二、学法与教法** 1. 教师协助体委整队，用读秒方法激发班级荣誉感，做到快、静、齐。 2. 教师示范，领做准备活动，边喊口令，边提示动作要领。 **三、要求** 积极参与，认真练习。

	教学内容	运动负荷		教学实施建议
		次数	时间	
基本部分	**三、行进间球性练习** 1. 胸前手指拨球 2. 单双手抛接球 3. 腰、膝绕环 4. 胯下抛接球 5. 胯下绕 8 字 6. 前踢腿腿下交接球	各 1 次	6 分钟	**一、组织** 学生在篮球场的边线站成一队。 **二、学法与教法** 教师示范、领做准备活动，边喊口令，边提示动作要领。 **三、要求** 动作认真，体会手指手腕对球的支配能力的感觉。

续表

	教学内容	运动负荷		教学实施建议
		次数	时间	
基本部分	**四、复习行进间变向运球** 【教学任务】： 进一步掌握行进间变向运球的技术动作要领。 【教学重点】： 在体前变向时注意球和身体重心的控制，变向时蹬地转身。	5次	13分钟	**一、组织** 学生分为两组，站在端线一侧。 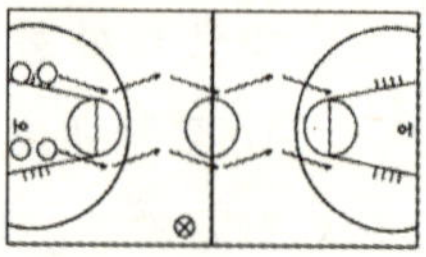 **二、学法与教法** “之”字形变向运球，学生分两组，一人一球站立于端线，中速跑练习体前变向换手运球。 **三、要求** 变向时重心低，蹬地转体。
	五、复习运球急停、急起 【教学任务】： 进一步掌握运球急停、急起的动作方法，做到熟练运用。 【教学重点】： 注意急停、急起时的身体重心，在急停时要稳，急起时要快。	5次	13分钟	**一、组织** 学生分为两组，站在端线一侧。  **二、学法与教法** 直线运球急停急起，学生分两组，一人一球站立于端线，中速跑练习运球急停急起。 **三、要求** 急停时要停稳，急起加速要快。

续表

	教学内容	运动负荷		教学实施建议
		次数	时间	
结束部分	**六、放松运动** 运球慢跑。 **七、小结本课** 1. 在体前变向时注意球和身体重心的控制，变向时蹬地转身。 2. 注意急停、急起时的身体重心，在急停时要稳，急起时要快。 **八、布置课外作业** **九、归还器材、宣布下课**	2次	3分钟	**一、原地放松练习** **二、上课队形小结** 要求：集合迅速，认真听讲。 **三、课后练习今天学习的内容**
器材	小篮球：20 个，篮球架 2 副。			**课后小结**
运动负荷曲线预计				

第 14 课时　考核

教学主题	复习行进间球性练习；进行考核		
教学目标	1. 通过行进间球性练习增加学生手指手腕对球的支配能力。 2. 复习行进间变向运球和运球急停、急起的动作要领。 3. 通过考试提高学生的心理素质。		
教学环节	教学内容	运动负荷	
		次数	时间
开始准备部分	**一、上课式** 体委整队，报告人数，师生问好，检查服装，安排见习生。 **二、各种跑的练习** 1. 头部运球　2. 扩胸运动 3. 振臂运动　4. 体转运动 5. 体侧运动　6. 腹背运动 7. 跳跃运动　8. 正压腿运动	4×8 拍	2 分钟 3 分钟

续表

	教学实施建议
开始准备部分	**一、组织** 分 8 组，每组 4—5 人成体操队形散开。 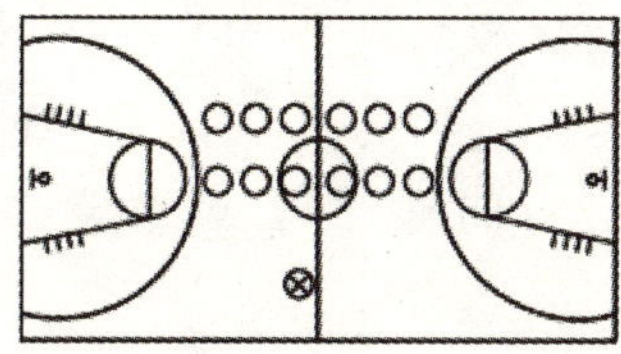 **二、学法与教法** 1. 教师协助体委整队，用读秒方法激发班级荣誉感，做到快、静、齐。 2. 教师示范，领做准备活动，边喊口令，边提示动作要领。 **三、要求** 积极参与，认真练习。

	教学内容	运动负荷		教学实施建议
		次数	时间	
基本部分	**三、行进间球性练习** 1. 胸前手指拨球 2. 单双手抛接球 3. 腰、膝绕环 4. 胯下抛接球 5. 胯下绕“8”字 6. 前踢腿腿下交接球	各 1 次	6 分钟	**一、组织** 学生分为 5 组，每组 8—10 人。 **二、学法与教法** 1. 教师讲解示范动作方法，学生认真学习。 2. 学生在做动作的时候要尽量做到舒展。 **三、要求** 动作认真，体会手指手腕对球的支配能力的感觉。

续表

	教学内容	运动负荷		教学实施建议
		次数	时间	
基本部分	**四、考核：行进间运球** 【考核标准】： 1. 掌握行进间变向运球的技术动作要领。 2. 体前变向时注意球和身体重心的控制，变向时蹬地转身。 【考核难点】： 注意急停急起时的身体重心，在急停时要稳，急起时要快。	5次	13分钟	**一、组织** 学生分为两组，站在端线一侧。 **二、考核方法** 直线运球急停、急起，学生分两组，一人一球站立于端线，中速跑练习运球急停、急起。 **三、要求** 在规定的时间内完成。
结束部分	**五、放松运动** 投篮练习。 **六、小结本课** 1. 总结成绩，评出优良。 2. 找出问题比较大的地方，纠正。 **七、布置课外作业** 1. 每天进行球性练习。 2. 运球跑。 **八、归还器材、宣布下课**	5次	13分钟	**一、原地放松练习** **二、上课队形小结** 要求：集合迅速，认真听讲。 **三、课后练习今天学习的内容**

第15课时 双手胸前传接球

教学主题	双手胸前传接球		
教学目标	1. 初步学习双手胸前传接球的动作方法。 2. 发展上下肢及传接球协调配合能力。 3. 体验篮球活动的乐趣和成功的快乐。 4. 在练习中能够表现积极主动的态度，能够自信自强，培养团结协作的精神和品质。		
教学环节	教学内容	运动负荷	
		次数	时间
开始准备部分	**一、上课式** 体委整队，报告人数，师生问好，检查服装，安排见习生。		1分钟
	二、掌握持球姿势 1. 双手体前点拨球　2. 单双手上抛接球 3. 头部环绕交接球　4. 腰部环绕交接球 5. 提膝交接球　6. 地滚“8”字绕球 7. 胯下“8”字绕球	4×8拍	2至3分钟

	教学实施建议
开始准备部分	**一、组织** 分 8 组，每组 4—5 人成体操队形散开。 **二、学法与教法** 1. 教师协助体委整队，用读秒方法激发班级荣誉感，做到快、静、齐。 2. 教师示范，领做小篮球操，边喊口令，边提示动作要领。 **三、要求** 积极参与，认真练习，控制好球。

	教学内容	运动负荷	
		次数	时间
基本部分	**三、双手胸前传接球** 【动作方法】： 传球时，两拇指用力下压，同时两手带动前臂迅速向传球方向伸出，两手翻腕，手腕前屈，球离手时，食、中指用力拨球，球从食、中指尖飞出。手心和拇指朝下，其余四指朝前。 【教学要求】： 传、接球动作与脚步动作协调配合。手指、手腕抖、翻拨球。 手持球位置：	各3次	20至21分钟

续表

	教学实施建议
基本部分	一、组织 四列横队，2—4 人一组练习。 二、学法与教法 1. 熟悉球性的练习。 2. 讲解示范动作方法。 3. 学生徒手模仿、两手腕翻转向前传球。 4. 学生分组练习，教师指导。 5. 纠正错误动作，强调动作要点。 6. 各组分别汇报练习。 7. 请动作做得标准的同学主动帮助同伴。 8. 重新分组进行练习。 两人一组站成面对面 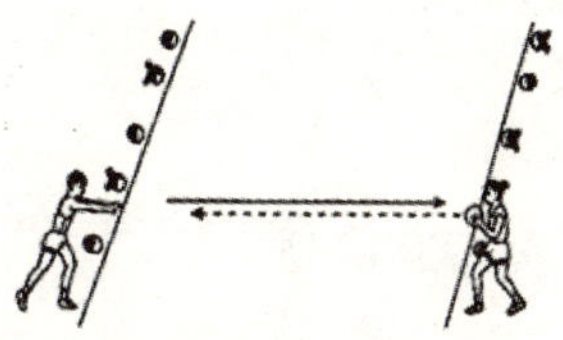 3—4 人一组站成三角形或四方形  三、要求 认真练习，体会动作，友好交往，团结协作。

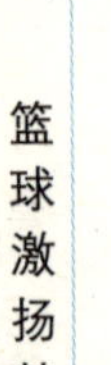

续表

	教学内容	运动负荷		教学实施建议
		次数	时间	
基本部分	**四、游戏：双人多样运球** 【游戏规则】： 1. 双人拉手转圈运球： 二人拉手为一组 转圈运球数一数 运球拉手要协调 看看哪组运得好 2. 双人拉手向前运球： 双人运球手拉手 速度适当往前走 协调配合最重要 运好球来别撒手 【教学重点】： 运球有节奏，速度适当，协调配合。	各2次	10至21分钟	**一、组织** 自由结合，每组2人。 **二、学法与教法** 1. 教师示范游戏方法，讲解游戏规则。 2. 分组练习双人运球。 3. 分组进行双人运球接力比赛。 **三、要求** 遵守规则，认真练习，勇于展示自我。
结束部分	**五、放松活动** 《截获空中球》 **六、小结** 师生讨论本课的收获和体会。		2至3分钟	**一、组织** 小组散点队形。 **二、学法与教法** 1. 教师讲解。 2. 听音乐放松。 3. 教师提问，学生畅谈，交流本课收获体会。 **三、要求** 开动脑筋，集思广益，放松身心，愉悦心情。

续表

<table>
<tr><td>器材</td><td>1. 小篮球：33 个；　　2. 呼啦圈 8 个
3. 标志桶 24 个；　　4. 录音机 1 台</td><td>课后小结</td></tr>
<tr><td colspan="2">运动负荷曲线预计</td><td rowspan="2"></td></tr>
<tr><td colspan="2">180
170
160
150
140
130
120
110
90
80
0
5　10　15　20　25　30　35　40</td></tr>
</table>

第16课时 双手胸前反弹传球

<table>
<tr><th>教学主题</th><th colspan="3">双手胸前反弹传球</th></tr>
<tr><td>教学目标</td><td colspan="3">1. 初步学习双手胸前反弹传球的动作方法。
2. 发展上肢灵敏素质和身体的协调性，提高对反弹球落点位置的控制能力。
3. 在过程中体验篮球活动的乐趣，体验成功的快乐。
4. 在练习中能够表现积极主动，自信自强，培养团结协作的精神和品质。</td></tr>
<tr><th rowspan="2">教学环节</th><th rowspan="2">教学内容</th><th colspan="2">运动负荷</th></tr>
<tr><th>次数</th><th>时间</th></tr>
<tr><td rowspan="2">开始准备部分</td><td>一、上课式
体委整队，报告人数，师生问好，检查服装，安排见习生。</td><td></td><td>1分钟</td></tr>
<tr><td>二、复习双手胸前传球练习
【动作重点】：
1. 持球动作：五指自然分开，拇指相对成八字形，掌心空出。
2. 传球动作：两臂前伸，手腕翻转，手指弹拨。
3. 接球动作：两臂伸出迎球，顺势屈肘缓冲。
【动作难点】：
1. 传的准，用力适当。
2. 伸臂迎球，触球后缓冲收回胸前。</td><td>4×8拍</td><td>2至3分钟</td></tr>
</table>

续表

	教学实施建议
开始准备部分	**一、组织** 分 8 组，每组 4—5 人成体操队形散开。 **二、学法与教法** 1. 教师协助体委整队，用读秒方法激发班级荣誉感，做到快、静、齐。 2. 学生分组进行复习双手胸前传接球动作要领、要求，并进行思考如何传接才能到位。 **三、要求** 积极参与，认真练习，控制好球。

	教学内容	运动负荷		教学实施建议
		次数	时间	
基本部分	**三、双手胸前反弹传球** 【动作方法】： 传球时，两拇指用力下压，同时两手带动前臂迅速向传球方向伸出，两手翻腕，手腕前屈，球离手时，食、中指用力拨球，球从食、中指尖飞出。手心和拇指朝下，其余四指朝斜下方。球飞行的路线为折线，球的击地点是在距离接球人三分之一地方。 【教学要求】： 传、接球动作与脚步动作协调配合。手指抖腕、拨球及反弹球落点准确。 手持球位置：	各3次	20至21分钟	**一、组织** 四列横队，2—4 人一组练习。 **二、学法与教法** 1. 熟悉球性的练习。 2. 讲解示范动作方法。 3. 学生徒手模仿、两手腕翻转向前传球。 4. 学生分组练习，教师指导。 5. 纠正错误动作，强调动作要点。 6. 各组分别汇报练习。 7. 请动作好的同学主动帮助同伴。 8. 重新分组练习。 **三、要求** 认真练习，体会动作，友好交往，团结协作。

续表

	教学内容	运动负荷		教学实施建议
		次数	时间	
基本部分	**四、游戏：双人多样运球** 连续传接球(接龙)比赛 【游戏规则】： 1. 听到开始信号后沿“Z”字队形进行双手胸前反弹传球。 2. 每队传球到最后一人后折返传球接力。 3. 遵守传球规则，传球失误必须再就近重新开始。 【教学重点】： 培养上下肢协调配合的能力，脚尖朝着前进方向。 【教学难点】： 传球落点要准确，力量适当，协调配合。	各2次	10至12分钟	**一、组织** 自由结合，每组8人。 **二、学法与教法** 1. 教师示范游戏方法，讲解游戏规则。 2. 学生分组练习双手胸前反弹传球。 3. 学生分组进行连续传接球(接龙)比赛。 **三、要求** 遵守规则，认真练习，勇于展示自我。
结束部分	**五、放松活动** 《击掌传球》 **六、小结** 师生讨论本课的收获和体会。		2至3分钟	**一、组织** 小组散点站圆圈队。 **二、学法与教法** 1. 教师讲解。 2. 听音乐放松。 3. 教师提问，学生畅谈，交流本课收获体会。 **三、要求** 开动脑筋，集思广益，放松身心，愉悦心情。

续表

器材	1. 小篮球：33 个；　　2. 呼啦圈 8 个 3. 标志桶 24 个；　　4. 录音机 1 台	课后小结
运动负荷曲线预计		
180 170 160 150 140 130 120 110 90 80 0 5　10　15　20　25　30　35　40		

第 17 课时 行进间双手胸前传接球

<table>
<tr><td>教学主题</td><td colspan="3">行进间双手胸前传接球</td></tr>
<tr><td>教学目标</td><td colspan="3">1. 初步学习行进间双手胸前传接球动作方法。
2. 发展上下肢身体协调性，增强侧身移动，跨步接球，上步传球的控制能力。
3. 体验篮球活动的乐趣，体验成功的快乐。
4. 在练习中能够表现积极主动，自信自强，培养团结协作的精神品质。</td></tr>
<tr><td rowspan="2">教学环节</td><td rowspan="2">教学内容</td><td colspan="2">运动负荷</td></tr>
<tr><td>次数</td><td>时间</td></tr>
<tr><td rowspan="2">开始准备部分</td><td>一、上课式
体委整队，报告人数，师生问好，检查服装，安排见习生。</td><td></td><td>1分钟</td></tr>
<tr><td>二、侧身跑
头部和上体向来球的方向扭转，同时侧肩，脚尖朝着跑动方向。跑动时，既要观察场上情况，又不影响跑动速度。
【教学要求】：
面向球转体，内侧腿微曲，外侧脚掌内侧蹬地。</td><td>4×8拍</td><td>2至3分钟</td></tr>
</table>

续表

	教学实施建议
开始准备部分	**一、组织** 分 8 组，每组 4—5 人成体操队形散开。 XXXXXXXXX XXXXXXXXX XXXXXXXXX XXXXXXXXX △ **二、学法与教法** 1. 教师协助体委整队，用读秒方法激发班级荣誉感，做到快、静、齐。 2. 学生分组进行徒手侧身跑传球练习。 3. 教师巡视，辅导学生动作。 **三、要求** 积极参与，认真练习，控制好球。

	教学内容	运动负荷		教学实施建议
		次数	时间	
基本部分	**三、行进间双手胸前传接球** 【动作要点】： 侧身跑动，传球者通过伸臂、屈腕、拨指将球传出；接球者在跑运中迎球伸臂，在手触球时通过屈臂、屈腕缓冲来球，将球接稳。 【易犯错误】： 对人传球；传球过高或过低。	3次	20至21分钟	**一、组织** 两路纵队，2 人一组练习。 **二、教学与教法** 1. 讲解示范，使学生建立完整的技术动作表象和动作概念，初步掌握技术动作。 2. 练习方法 ④传给球⑤后，立即起动向前跑接⑤的传球，⑤传球给④后，立即起动向前跑接④的传接。直接到对面篮下投篮。如图 1。 3. 学生分组练习，教师指导。 当第一组传球过中场时，第二组开始练习。 4. 教师个别纠正错误动作，强调动作要点。 5. 请动作标准的同学主动帮助同伴。 6. 重新分组练习。 **三、要求** 认真练习，体会动作，友好交往，团结协作。

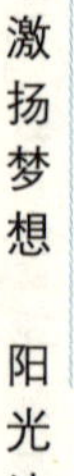

续表

	教学内容	运动负荷		教学实施建议
		次数	时间	
基本部分	**四、游戏：** 运球接力比赛。 【游戏规则】： 1. 教师发令后，各组第一名持球人迅速曲线运球 15 米，绕过标志桶，再曲线运球返回。 2. 离第二名同学 3 米处将球传给本组第二名同学，第二名学生接到球后快速跑出，以此类推，以速度快的队先到终点为胜。	各2次	10至12分钟	**一、组织** 四路纵队，每组 8 人 **二、学法与教法** 1. 教师示范游戏方法，讲解游戏规则。 2. 分组练习运球接力。 3. 分组进行运球接力比赛。 **三、要求** 遵守规则，认真练习，勇于展示自我。
结束部分	**五、放松活动** 《击掌传球》 **六、小结** 师生讨论本课的收获和体会。		2至3分钟	**一、组织** 小组散点站圆圈队。 **二、学法与教法** 1. 教师讲解。 2. 听音乐放松。 3. 教师提问，学生畅谈，交流本课收获体会。 **三、要求** 开动脑筋，集思广益，放松身心，愉悦心情。

续表

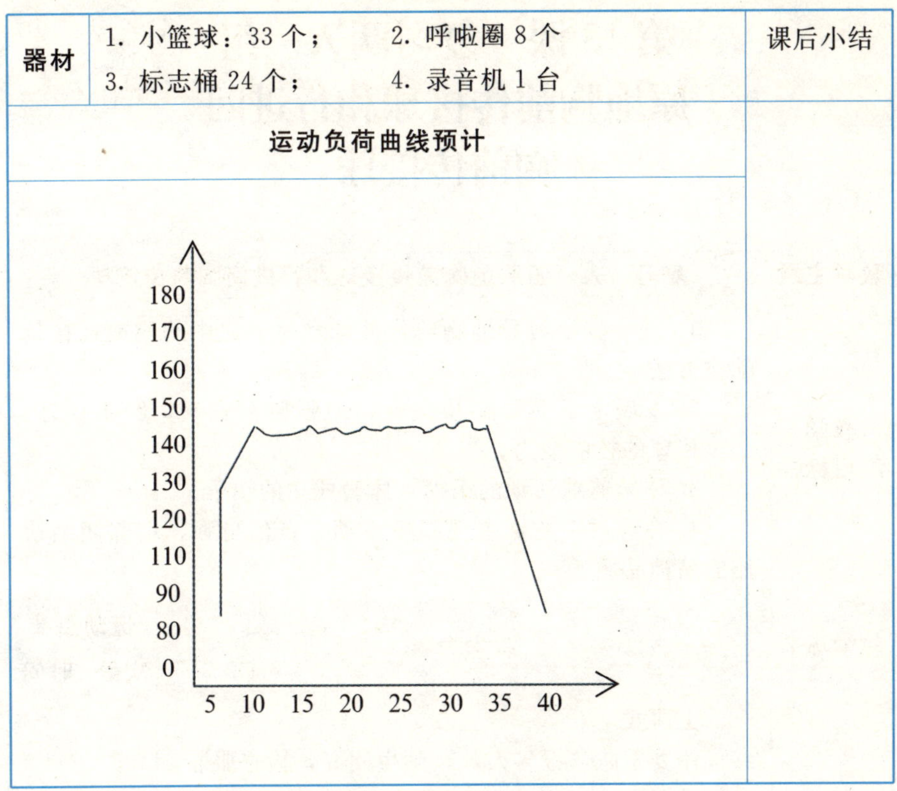

器材	1. 小篮球：33 个；　2. 呼啦圈 8 个 3. 标志桶 24 个；　4. 录音机 1 台	课后小结
运动负荷曲线预计		

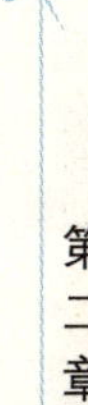

第18课　复习两人一组原地胸前传接球和行进间胸前传接球

教学主题	复习两人一组原地胸前传接球和行进间胸前传接球		
教学目标	1. 进一步学习原地胸前传接球和移动之中的胸前传接球动作方法。 2. 发展上下肢身体协调性，增强侧身移动，跨步接球，上步传球的控制能力。 3. 体验篮球活动的乐趣，体验成功的快乐。 4. 在练习中能够表现积极主动，自信自强，培养团结协作的精神品质。		
教学环节	教学内容	运动负荷	
		次数	时间
开始准备部分	**一、上课式** 体委整队，报告人数，师生问好，检查服装，安排见习生。		1分钟
	二、侧身跑 头部和上体向来球的方向扭转，同时侧肩，脚尖朝着跑动方向。跑动时，既要观察场上情况，又不影响跑动速度。 【教学要求】: 面向球转体，内侧腿微曲，外侧脚掌内侧蹬地。 **三、复习双手胸前传球练习** 【动作重点】：注意传球时的手指拨球以及手腕的翻转动作。 【动作难点】：传得准，用力适当；伸臂迎球，触球后缓冲回收胸前。	各1分钟	3至5分钟

续表

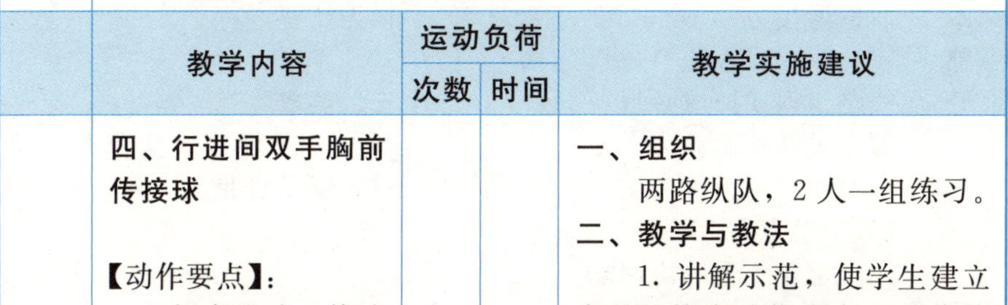

<table>
<tr><th></th><th colspan="4">教学实施建议</th></tr>
<tr><td>开始准备部分</td><td colspan="4">**一、组织**
分 8 组，每组 4—5 人成体操队形散开。
XXXXXXXXX
XXXXXXXXX
XXXXXXXXX
XXXXXXXXX
△
二、学法与教法
1. 教师协助体委整队，用读秒方法激发班级荣誉感，做到快、静、齐。
2. 学生分组进行徒手侧身跑传球练习。
3. 学生分组复习双手胸前传球练习。
4. 教师巡视，辅导学生动作。
三、要求
积极参与，认真练习，控制好球。</td></tr>
<tr><th rowspan="2"></th><th rowspan="2">教学内容</th><th colspan="2">运动负荷</th><th rowspan="2">教学实施建议</th></tr>
<tr><th>次数</th><th>时间</th></tr>
<tr><td>基本部分</td><td>**四、行进间双手胸前传接球**

【动作要点】：
侧身跑动，传球者通过伸臂、屈腕、拨指将球传出；接球者在跑运中迎球伸臂，在手触球时通过屈臂、屈腕缓冲来球，将球接稳。
【易犯错误】：
对人传球；传球过高或过低。
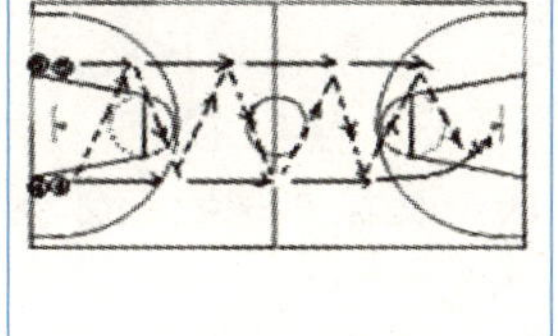</td><td>3 次</td><td>20 至 21 分钟</td><td>**一、组织**
两路纵队，2 人一组练习。
二、教学与教法
1. 讲解示范，使学生建立完整的技术动作表象和动作概念，初步掌握技术动作。
2. 练习方法 ④传给球⑤后，立即起动向前跑接⑤的传球，⑤传球给④后，立即起动向前跑接④的传接。直接到对面篮下投篮。如图 2。
3. 学生分组练习，教师指导。当第一组传球过中场时，第二组开始练习。
4. 教师个别纠正错误动作，强调动作要点。
5. 请动作标准的同学主动帮助同伴。
6. 重新分组练习。
三、要求
认真练习，体会动作，友好交往，团结协作。</td></tr>
</table>

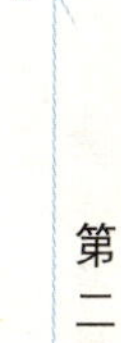

续表

	教学内容	运动负荷		教学实施建议
		次数	时间	
基本部分	**五、游戏：** 行进间传球接力比赛。 【游戏规则】： 1. 听到开始信号后两人一组行进间胸前传球跑。 2. 当遇到标志物后折返接力。 3. 不得低头跑，线路错误或掉球必须在原点重新开始。 【教学重点】： 培养上下肢协调配合的能力，脚尖朝着前进方向，上体侧身注意观察来球方向，传球力量适当，要有提前量。	2次	10至12分钟	**一、组织** 四路纵队，每组2人。 **二、学法与教法** 1. 教师示范游戏方法，讲解游戏规则。 2. 分组练习行进间传球接力。 3. 分组进行行进间传球接力比赛。 **三、要求** 遵守规则，认真练习，勇于展示自我。
结束部分	**六、放松活动** 《猜猜谁说话》 **七、小结** 师生讨论本课的收获和体会。		2至3分钟	**一、组织** 小组散点站圆圈队。 **二、学法与教法** 1. 教师讲解。 2. 听音乐放松。 3. 教师提问，学生畅谈，交流本课收获体会。 **三、要求** 开动脑筋，集思广益，放松身心，愉悦心情。

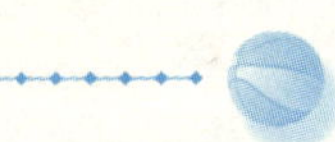

续表

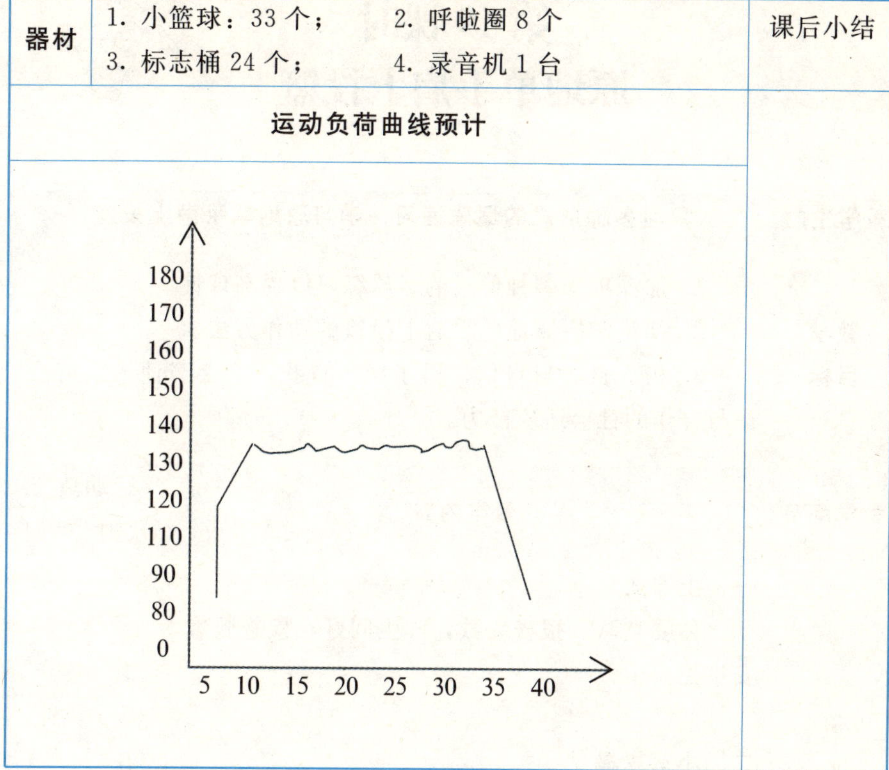

器材	1. 小篮球：33 个；　　2. 呼啦圈 8 个 3. 标志桶 24 个；　　4. 录音机 1 台	课后小结
运动负荷曲线预计		

第19课时
原地单手肩上投篮

教学主题	复习多种形式的运球练习；学习原地单手肩上投篮		
教学目标	1. 加深巩固多种形式的运球练习以提高球性。 2. 初步掌握原地单手肩上投篮的动作方法。 3. 树立自尊与自信，勇于展示自我，学会与他人友好交往与合作的社会适应能力。		
教学环节	教学内容	运动负荷	
		次数	时间
开始准备部分	**一、上课式** 体委整队，报告人数，师生问好，检查服装，安排见习生。 **二、小篮球操** 1. 双手体前拨动球　2. 单双手上抛球 3. 手指拨球　4. 腰部环绕交接球 5. 提膝交接球　6. 原地左右手运球 7. 后踢腿运球　8. 压手指 **三、专项练习** 自由运球练习。	各3—4次 4×8拍	1分钟 3分钟 2分钟

续表

<table>
<tr><th></th><th colspan="4">教学实施建议</th></tr>
<tr><td>开始准备部分</td><td colspan="4">一、组织
分 8 组，每组 4—5 人成体操队形散开。
二、学法与教法
1. 教师协助体委整队，用读秒方法激发班级荣誉感，做到快、静、齐。
2. 教师示范、领做小篮球操，边喊口令，边提示动作要领。
3. 学生自由散点练习原地或行进间运球，教师巡视，设疑、质疑。
三、要求
积极参与，认真练习，控制好球。</td></tr>
<tr><th rowspan="2"></th><th rowspan="2">教学内容</th><th colspan="2">运动负荷</th><th rowspan="2">教学实施建议</th></tr>
<tr><th>次数</th><th>时间</th></tr>
<tr><td>基本部分</td><td>四、原地及行进间运球练习
【动作要点】：
原地运球：五指张开包住球以肩关节为轴随着运球的路线协调用力。
行进间运球（直线、曲线）：向前运球时按拍球的后上方同时后脚蹬地运球行进，球的落点在同侧脚的前侧方，跑动的步伐要与球弹起的节奏协调一致，手臂的动作与原地运球相同。
【教学重点】：
手对球的控制能力及手脚的协调配合。</td><td>各 2 次</td><td>10 分钟</td><td>一、组织
分 8 组（4—5 人一组），左右距离前后间隔为 2 米。
∩ ∩ ∩ ∩ ∩ ∩ ∩ ∩
↓ ↑
▼ ▼ ▼ ▼ ▼ ▼ ▼ ▼
二、教学与教法（原地运球）
1. 分组观看原地运球示意图，根据动作要领和要点做散点练习，体会动作。
2. 教师带领学生集体练习。
(1)原地高低手（左右手交换进行）运球。
(2)原地快速，慢速运球。
(3)原地运球，看教师手势报出数字。
3. 教师示范行进间运球，讲解动作方法和要点，让学生看清楚原地运球与行进间运球按拍部位的不同点。</td></tr>
</table>

续表

	教学实施建议
基本部分	**三、教学与教法(行进间运球)** 1. 学生自由散点练习行进间运球，可结合观看行进间运球示意图进行练习。 2. 分组依次做行进间直线运球，教师巡视辅导学生。 3. 分组表演采用不同形式评价(自我、同学、老师)。 4. 分组进行行进间运球比赛(直线曲线)。 (1)个人冠军赛；(2)小组接力赛 直线 4 人一组向前运球。 曲线 4 人一组从大排头绕标直筒圈运球。 **四、要求** 认真练习，体会动作，友好交往，团结协作。

	教学内容	运动负荷	
		次数	时间
结束部分	**五、学习原地单手肩上投篮** (一)教学任务 初步掌握原地单手肩上投篮的动作方法。 (二)动作方法与要点 【动作方法】: 以右手投篮为例，右手五指自然分开，手心空出，用指根以上的部位持球，大拇指与小拇指控制球体，左手扶在球的左侧，右臂屈肘，肘关节自然下垂，置球于右肩前上方，目视篮球。两脚左右或前后开立，两膝微屈，重心落在两脚掌上。投篮时，下肢蹬地发力，右臂向前上方抬肘伸臂，手腕前屈，食、中指用力拨球，通过指端将球柔和地投出。球出手的瞬间，身体随投篮动作向上伸展，脚跟微提起。 【动作要点】: 上下肢协调用力，抬肘伸臂充分，手腕前屈和手指柔和的拨球并将球投出，中、食指控制方向。	10 次	20 分钟

续表

	教学实施建议
基本部分	**一、组织** 1. 讲解原地单手肩上投篮技术的概念、运用。 2. 讲解原地单手肩上投篮的动作方法。 3. 完整示范原地单手肩上投篮的动作方法。 4. 讲解动作要点。 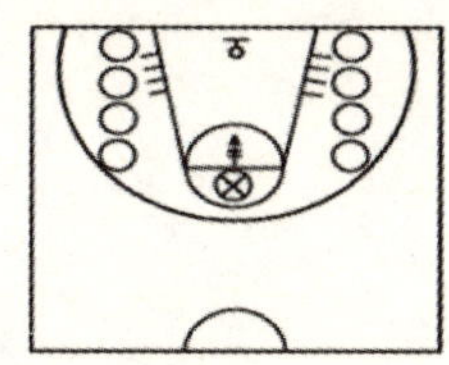 **二、教学与教法** 1. 原地徒手模仿投篮动作。 练习要求：体会投篮手法和用力过程。 2. 两人一组，相距 3—4 米对投。 **三、要求** 体会投篮手法和身体的协调配合。

	教学内容	运动负荷		教学实施建议
		次数	时间	
结束部分	**六、放松活动** 【动作方法】： 原地拉伸练习。 **七、小结、布置课外作业** 反思练习中的不足，并进行改进。 **八、归还器材、宣布下课**	2 次	4 分钟	**一、原地放松练习** **二、上课队形小结** 要求：集合迅速，认真听讲。 **三、课后练习今天学习的内容**

续表

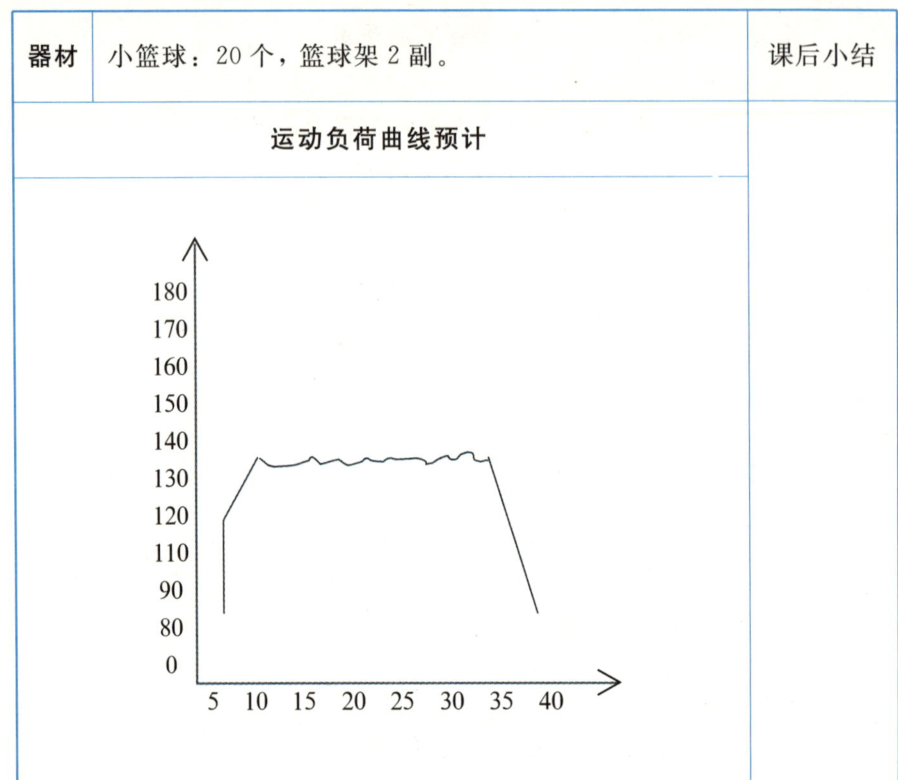

器材	小篮球：20 个，篮球架 2 副。	课后小结
运动负荷曲线预计		

第20课时 原地跳起单手肩上投篮

<table>
<tr><td>教学主题</td><td colspan="3">复习行进间单手肩上投篮；学习原地跳起单手肩上投篮</td></tr>
<tr><td>教学目标</td><td colspan="3">1. 加深巩固行进间单手肩上投篮。
2. 初步掌握原地跳起单手肩上投篮。
3. 培养学生坚毅勇敢的品质，发扬吃苦耐劳的精神。</td></tr>
<tr><td rowspan="2">教学环节</td><td rowspan="2">教学内容</td><td colspan="2">运动负荷</td></tr>
<tr><td>次数</td><td>时间</td></tr>
<tr><td>开始准备部分</td><td>一、上课式
体委整队，报告人数，师生问好，检查服装，安排见习生。

二、小篮球操
1. 头部运球　2. 扩胸运动
3. 振臂运动　4. 体转运动
5. 体侧运动　6. 腹背运动
7. 跳跃运动　8. 正压腿运动

三、专项练习
自由运球练习。</td><td>各3—4次

4×8拍</td><td>1分钟

3分钟

2分钟</td></tr>
</table>

第二章　篮球基本知识

续表

<table>
<tr><th></th><th colspan="4">教学实施建议</th></tr>
<tr><td>开始准备部分</td><td colspan="4"> 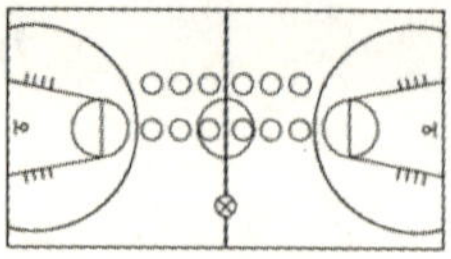一、组织
分 4 组，每组 10 人成体操队形散开。
二、学法与教法
1. 教师协助体委整队，用读秒方法激发班级荣誉感，做到快、静、齐。
2. 教师示范、领做准备活动，边喊口令，边提示动作要领。
3. 学生自由散点练习原地或行进间运球，教师巡视，设疑、质疑。
三、要求
积极参与，认真练习，控制好球。</td></tr>
<tr><th rowspan="2"></th><th rowspan="2">教学内容</th><th colspan="2">运动负荷</th><th rowspan="2">教学实施建议</th></tr>
<tr><th>次数</th><th>时间</th></tr>
<tr><td>基本部分</td><td>四、复习行进间单手肩上投篮

【教学任务】：
进一步掌握动作方法。

【教学重点】：
控制球能力，投篮手法，手脚配合。</td><td>各2次</td><td>10分钟</td><td> 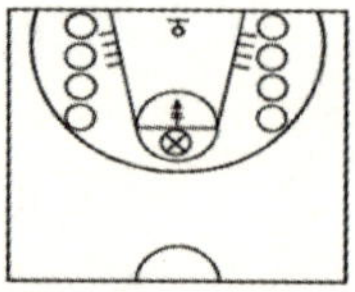一、组织
分 8 组（4—5 人一组），左右距离前后间隔为 2 米。
二、教学与教法
1. 讲解行进间单手肩上投篮技术的概念、运用。
2. 讲解行进间单手肩上投篮的动作方法。
3. 完整示范行进间单手肩上投篮的动作方法。
4. 讲解动作要点。
二、教学与教法
1. 徒手模仿投篮练习。
2. 持球距篮 3 米，上左脚起跳举球投篮。
3. 慢跑徒手模仿行进间单手肩上投篮动作。
4. 结合球进行练习。
三、要求
练习时注意动作的正确性，纠正错误动作。</td></tr>
</table>

续表

	教学内容	运动负荷		教学实施建议
		次数	时间	
基本部分	**五、学习原地跳起单手肩上投篮** 【教学任务】： 初步掌握原地跳起单手肩上投篮动作方法。 【动作方法】： 以右手投篮为例。两手持球于胸前，两脚左右或前后开立。两膝微屈，重心落在两脚之间。起跳时，迅速屈膝，脚掌用力蹬地向上起跳，同时双手举球到右肩上方，右手持球，左手扶球的左侧方，当身体接近最高点时，左手离球，右臂向前上方伸展，手腕前屈，食、中指拨球，通过指端将球投出。落地时屈膝缓冲。 【动作要点】： 起跳垂直向上，起跳与举球、出手动作应协调一致，在接近最高点时出手。	10次	20分钟	**一、组织** 1. 讲解原地跳起单手肩上投篮技术的概念、运用。 2. 讲解原地跳起单手肩上投篮的动作方法。 3. 完整示范原地跳起单手肩上投篮的动作方法。 4. 讲解原地跳起单手肩上投篮的动作要点。 **二、教学与教法** 1. 原地徒手模仿跳投动作，学生站两排体操队形练习。 2. 两人一组一球相距 2—3 米对投。 **三、要求** 体会跳投的手法和身体各环节的协调配合。学生一人一球，分成两组分别在罚球线跳投。
结束部分	**六、放松活动** 【动作方法】： 两人一组进行原地拉伸。 **七、小结、布置课外作业** 反思练习中的不足，并进行改进。 **八、归还器材、宣布下课**	2次	4分钟	**一、原地放松练习** **二、上课队形小结** **要求：集合迅速，认真听讲。** **三、课后练习今天学习的内容**

续表

器材	小篮球：20 个，篮球架 2 副。	课后小结
运动负荷曲线预计		
180 170 160 150 140 130 120 110 90 80 0 5 10 15 20 25 30 35 40		

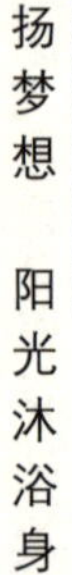

第21课时　防守无球队员

教学主题	复习行进间单手肩上投篮；学习防守无球队员		
教学目标	1. 加深巩固行进间单手肩上投篮。 2. 初步掌握原地单手肩上投篮。		
教学环节	教学内容	运动负荷	
		次数	时间
开始准备部分	**一、上课式** 体委整队，报告人数，师生问好，检查服装，安排见习生。 **二、小篮球操** 1. 头部运球　2. 扩胸运动 3. 振臂运动　4. 体转运动 5. 体侧运动　6. 腹背运动 7. 跳跃运动　8. 正压腿运动 **三、专项练习** 自由运球练习。	各3—4次 4×8拍	1分钟 3分钟 2分钟

续表

	教学实施建议
开始准备部分	**一、组织** 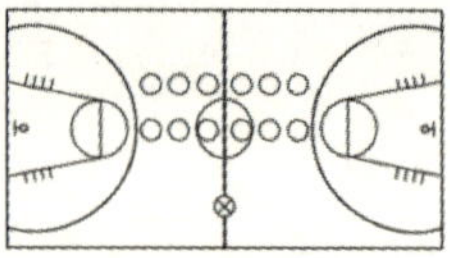 分 4 组，每组 10 人成体操队形散开。 **二、学法与教法** 1. 教师协助体委整队，用读秒方法激发班级荣誉感，做到快、静、齐。 2. 教师示范、领做准备活动，边喊口令，边提示动作要领。 3. 学生自由散点练习原地或行进间运球，教师巡视，设疑、质疑。 **三、要求** 积极参与，认真练习，控制好球。

	教学内容	运动负荷		教学实施建议
		次数	时间	
基本部分	**四、复习行进间单手肩上投篮** 【教学任务】： 进一步掌握动作方法。 【教学重点】： 加强手指手腕控制球的能力，注意投篮手法以及手脚的协调配合。	各 2 次	10 分钟	**一、组织** 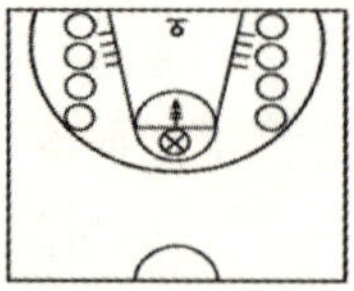 1. 讲解行进间单手肩上投篮技术的概念、运用。 2. 讲解行进间单手肩上投篮的动作方法。 3. 完整示范行进间单手肩上投篮的动作方法。 4. 讲解动作要点。 **二、教学与教法** 1. 徒手模仿投篮练习。 2. 持球距球篮 3 米，上左脚起跳举球投篮。 3. 慢跑徒手模仿行进间单手肩上投篮动作。 4. 结合球进行练习。 **三、要求** 练习时注意动作的正确性，纠正错误动作。

续表

	教学内容	运动负荷		教学实施建议
		次数	时间	
基本部分	**五、学习防守无球队员** 【教学任务】： 使学生建立正确的概念，了解防守的位置与距离、姿势、步法等要素，明白强侧、弱侧之分。了解防横切及防纵切的方法，并初步掌握防守的方法。 【防守无球队员分析】： 位置与距离 位置：“球、我、他”的选位原则，钝角三角的钝角处，人球兼顾。 距离：强侧近、错位、断球路；弱侧远，保护球侧；抢断、抢篮板球。	10次 10次	20分钟	**一、组织** 1. 讲解：防无球队员技术分析，防纵切、防横切技术方法。 2. 作用：破坏干扰对手配合，制止对手进攻威胁。 **二、学法与教法** 1. 选位练习，三攻三防进行强弱侧选位。 要求：强侧：错位，断球路 弱侧：回收保护 进攻方球动人不动，防守根据球的转移，调整防守位置。 2. 防纵切练习，学生两人一组，④传球给，向篮下纵切，进行防守，两人交换练习。 3. 防横切练习，学生两人一组，④传球给⑤后，⑥横切，进行防守，两人交换练习。 要求：合理堵截进攻者横切的路线。
结束部分	**六、放松活动** **七、小结、布置课外作业** **八、归还器材、宣布下课**	2次	4分钟	**一、原地放松练习** **二、上课队形小结** **要求：集合迅速，认真听讲** **三、课后练习今天学习的内容**

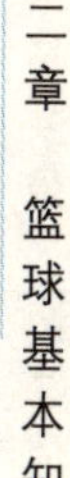

续表

器材	小篮球：20 个，篮球架 2 副。	课后小结
运动负荷曲线预计		
180 170 160 150 140 130 120 110 90 80 0 5 10 15 20 25 30 35 40		

第 22 课时
原地交叉步持球突破技术

<table>
<tr><td>教学主题</td><td colspan="3">复习防守无球队员；学习原地交叉步持球突破技术</td></tr>
<tr><td>教学目标</td><td colspan="3">1. 复习防守无球队员。
2. 学习原地交叉步持球突破技术。</td></tr>
<tr><td rowspan="2">教学环节</td><td rowspan="2">教学内容</td><td colspan="2">运动负荷</td></tr>
<tr><td>次数</td><td>时间</td></tr>
<tr><td rowspan="3">开始准备部分</td><td>一、上课式
体委整队，报告人数，师生问好，检查服装，安排见习生。</td><td rowspan="2">各3—4次</td><td>1分钟</td></tr>
<tr><td>二、小篮球操
1. 头部运球　2. 扩胸运动
3. 振臂运动　4. 体转运动
5. 体侧运动　6. 腹背运动
7. 跳跃运动　8. 正压腿运动</td><td>3分钟</td></tr>
<tr><td>三、专项练习
自由运球练习。</td><td>4×8拍</td><td>2分钟</td></tr>
</table>

<table>
<tr><th></th><th colspan="3">教学实施建议</th></tr>
<tr><td>开始准备部分</td><td colspan="3">

一、组织

分 4 组，每组 10 人成体操队形散开。

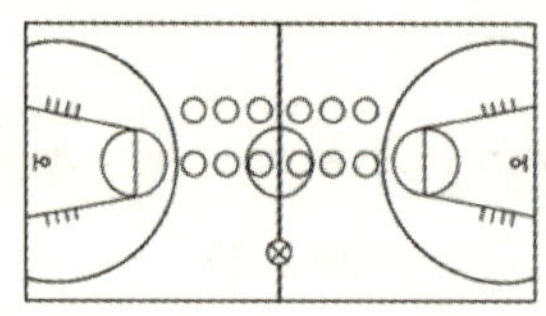

二、学法与教法

1. 教师协助体委整队，用读秒方法激发班级荣誉感，做到快、静、齐。

2. 教师示范、领做准备活动，边喊口令，边提示动作要领。

3. 学生自由散点练习原地或行进间运球，教师巡视，设疑、质疑。

三、要求

积极参与，认真练习，控制好球。

</td></tr>
<tr><th rowspan="2"></th><th rowspan="2">教学内容</th><th colspan="2">运动负荷</th></tr>
<tr><th>次数</th><th>时间</th></tr>
<tr><td>基本部分</td><td>

四、复习防守无球队员

【教学任务】：

使学生建立正确的概念，了解防守的位置与距离、姿势、步法等要素，明白强侧、弱侧之分。并了解防横切及防纵切的方法，并初步掌握防守的方法。

【防守无球队员分析】：

位置与距离

位置：“球、我、他”的选位原则，钝角三角的钝角处，人球兼顾。

距离：强侧近、错位、断球路；弱侧远，保护球侧；抢断、抢篮板球。

</td><td>各 2 次</td><td>10 分钟</td></tr>
</table>

续表

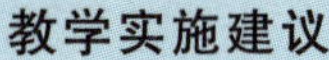

	教学实施建议
开始准备部分	**一、组织** 1. 讲解：防无球队员技术分析，防纵切、防横切技术方法。 2. 作用：破坏干扰对手配合，制止对手进攻威胁。 **二、教学与教法** 1. 选位练习，三攻三防进行强弱侧选位。 要求：强侧：错位，断球路 弱侧：回收保护 进攻方球动人不动，防守根据球的转移，调整防守位置。 2. 防纵切练习，学生两人一组，④传球给⑤，向篮下纵切，进行防守，两人交换练习。 3. 防横切练习，学生两人一组，④传球给⑤后，⑥横切，进行防守，两人交换练习。 要求：合理堵截进攻者横切的路线。 **三、要求** 判断准确、移动快、堵截进攻者的移动路线。

	教学内容	运动负荷	
		次数	时间
基本部分	**五、学习原地交叉步持球突破技术** 【教学任务】： 初步掌握原地交叉步持球突破动作方法。 【动作方法】： 以右脚做中枢脚为例。突破时，左脚向左前方跨出半步，做向左突破的假动作，当对手重心向右移动时，左脚前脚掌内侧迅速蹬地，向对手左侧跨出一大步，同时上体右转探肩，贴近对手。球移至右手，向左脚右斜前方推放球，右脚迅速蹬地跨步，加速超越对手。 【动作要点】： 假动作要逼真，后蹬有力，起动迅速突然，动作连贯。	10次 10次	20分钟

续表

<table>
<tr><th></th><th>教学实施建议</th></tr>
<tr><td>基本部分</td><td>**一、组织**
讲解基本队形
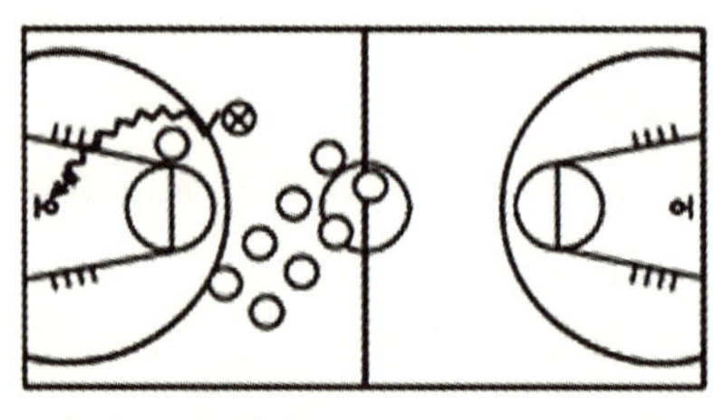
二、学法与教法
1. 原地徒手蹬、转、探、迈练习，学生站成两排体操队形，听教师的口令统一练习突破技术的四个环节。
练习要求：体会突破技术的动作方法。
2. 持球练习，原地接自抛球体会原地持球突破技术的动作方法。
练习要求：体会突破技术的四个环节，要正确、连贯、协调。
3. 完整动作练习，学生分成两组，分别在两个半场练习原地持球突破技术。</td></tr>
</table>

<table>
<tr><th rowspan="2"></th><th rowspan="2">教学内容</th><th colspan="2">运动负荷</th><th rowspan="2">教学实施建议</th></tr>
<tr><th>次数</th><th>时间</th></tr>
<tr><td>结束部分</td><td>**六、放松活动**
原地拉伸练习。

七、小结、布置课外作业
小结原地交叉步持球突破当中的技术要领及错误动作，课下进行练习。

八、归还器材、宣布下课</td><td>2次</td><td>4分钟</td><td>**一、原地放松练习**
二、上课队形小结
要求：集合迅速，认真听讲。

三、课后练习今天学习的内容</td></tr>
</table>

续表

器材	小篮球：20 个，篮球架 2 副。	课后小结
运动负荷曲线预计		
180 170 160 150 140 130 120 110 90 80 0 5 10 15 20 25 30 35 40		

第23课时 复习行进间进攻技术

教学主题	复习行进间进攻技术；学习快攻战术(发动与接应、推进)		
教学目标	1. 改进提高行进间传接球、运球、投篮等进攻技术； 2. 初步掌握快攻的概念、发动与接应、推进的方法和要求； 3. 通过教学比赛培养学生的技术运用能力和裁判技能； 4. 培养团结协作的集体主义精神		
教学环节	教学内容	运动负荷	
		次数	时间
开始准备部分	**一、上课式** 集合整队，检查出勤人数，师生问好，明确课程内容，安排见习生。	各3—4次	
	二、准备活动 1. 持球振臂运动　2. 持球体转运动 3. 持球踢腿运动　4. 持球腹背运动 5. 持球压腿运动	4×8拍	5分钟
	三、复习行进间传接球上篮 【教学任务】: 改进、提高行进间传接球及上篮的技术质量。 【教学重点】: 接球上篮的步法及上下肢动作的协调。	3次	5分钟

续表

	教学实施建议
开始准备部分	**一、组织** 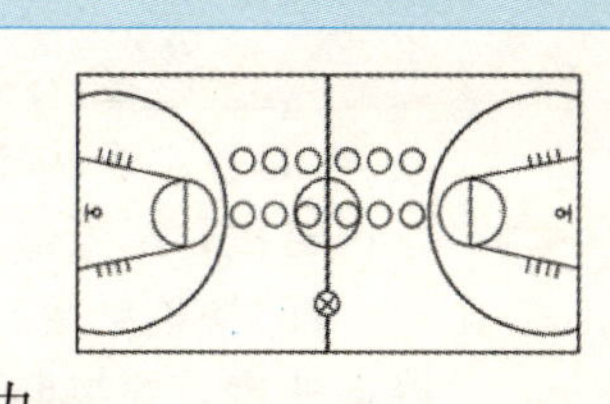 要求：快、静、齐。 **二、教学步骤** 1. 学生实习，教师指导； 2. 讲评实习情况：教案、教学能力(教态、讲解、示范、组织、教学技巧、解决问题能力等)、注意事项。 **三、练习方法** 两人一组一球，由端线从边线行进间传接球推进上篮；四角传球上篮。 **四、练习要求** 传接球动作连贯，上下肢动作协调，注意切入上篮路线及主动接球动作。

	教学内容	运动负荷	
		次数	时间
基本部分	**四、学习快攻战术** **【教学任务】**: 初步掌握快攻的概念、特点、发动时机及快攻的发动、接应、推进的配合方法和配合要求。 **【快攻的概念】**: 快攻是防守队员获球后由守转攻时力争在对手布阵未稳之际，抓住战机以最快的速度、最短的时间，果断而合理地发动攻击的一种速决性战术配合。 **【快攻的特点、时机、形式】**: 1. 特点：速度快、简单易懂，不易被对方防守，成功率高，能有效提高本队气势，打击对手。 2. 基本要求和技巧： (1)全队要有强烈的整体快速反击意识，不放过任何一次发动快攻的机会。 (2)获球后队员要迅速有组织、有阵型、有层次的合理分散。 (3)发动、接应、阵型分散快下和跟进队员的整体行动要始终保持纵深队形。扩大攻击范围，增加攻击点。	8次	15分

续表

<table>
<tr><th rowspan="2"></th><th rowspan="2">教学内容</th><th colspan="2">运动负荷</th></tr>
<tr><th>次数</th><th>时间</th></tr>
<tr><td>基本部分</td><td>(4)在整个快攻过程中，个人和整体行动都要避免延误时机，尽量缩短推进时间。
(5)快攻结束时，动作要果断、快速、隐蔽，不要降低速度，要果断投篮和抢篮板球，减少限制区内不必要的传球。
(6)树立勇猛顽强、敢打敢拼的作风。
(7)在展开快攻反击过程中，要善于把握和调整进攻节奏，避免盲目性，同时要重视由攻转守的部署。
3. 发动的时机：当获后场篮板球、抢、断、打球和跳球时，以及对方投中后掷端线界外球时都应抓住机遇发动快攻。
4. 形式：长传快攻，传球与运球相结合的快攻和个人突破快攻。</td><td></td><td></td></tr>
<tr><th></th><th colspan="3">教学实施建议</th></tr>
<tr><td>基本部分</td><td colspan="3">一、教学步骤
1. 讲解快攻的概念、发动时机、基本要求。
2. 演示快攻的发动、接应、推进的配合方法。
二、练习方法
1. 如下图所示，3 人一组 1 球，⑤号抢到篮板球后，⑥沿边快下，④向中路插上接⑤的传球，并立即长传给快下的⑥投篮。然后⑦、⑧、⑨再以同样方法返回逆时针换位。
三、练习要求
快下队员意识要强，速度要快；发动队员传球要及时，准确，视野开阔，插中接应队员及时。
2. 如下图所示，3 人一组 1 球，④抢到篮板球传给插中的⑤后沿左边线快下，⑤接到球后向前场运球并及时传给沿边线快下的⑥，⑥接球后快速运球上篮或将球传给④或⑤。
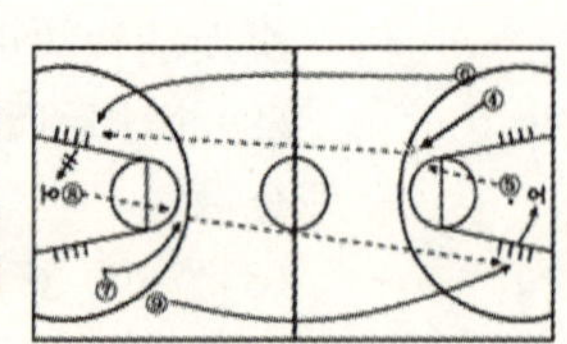
练习要求：传球、跑位娴熟准确，意识要好，注意力要集中。一传要及时、迅速、准确，接球后必须快速、合理的向前场传球推进。</td></tr>
</table>

续表

	教学内容	运动负荷	
		次数	时间
开始准备部分	**五、教学比赛及裁判实习** **【教学任务】：** 提高技战术的运用能力及裁判能力。 **六、课堂小结、布置课外练习** 1. 记上课日记。 2. 练习跳投技术。		15分钟 5分钟
	教学实施建议		
基本部分	**一、教学比赛及裁判实习** **方法** 按编排好的竞赛日程进行教学比赛。全场五对五，进行上下半时，每半时 10 分钟，每场比赛 4 名学生裁判实习。 **要求：** 1. 进攻队员利用突破、运球、投篮提高个人攻击力，并注意应用传球技术助攻，尽量运用进攻战术基础配合； 2. 防守队员要用积极的脚步移动及时调整防守位置，注意对持球或无球人的防守取位，全队采用半场人盯人防守战术； 3. 裁判主要练习分工与配合，手势、跑位及宣判。 **二、课堂小节** **方法：慢跑及放松操** 队形： 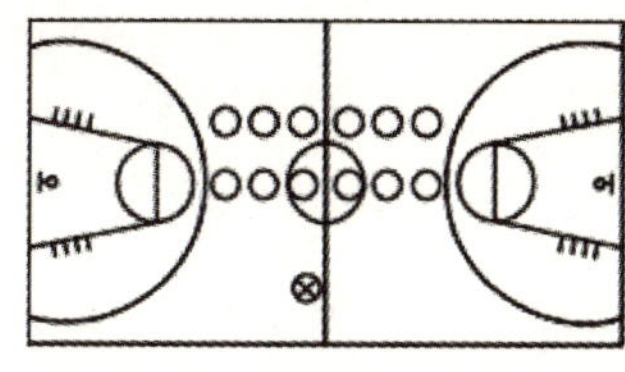		

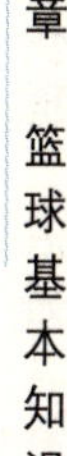

续表

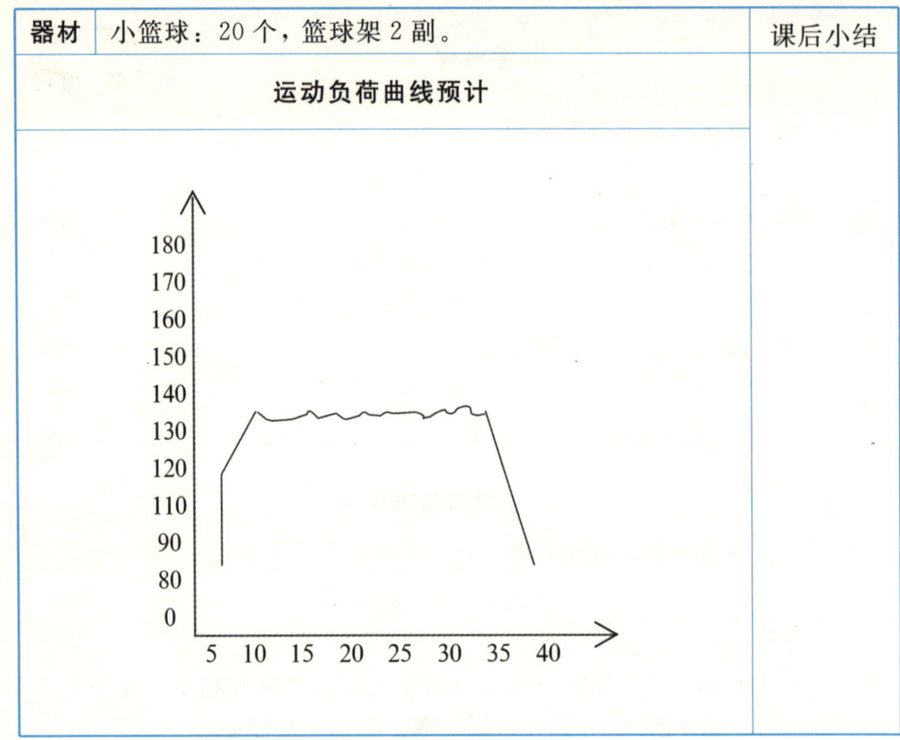

器材	小篮球：20 个，篮球架 2 副。	课后小结
运动负荷曲线预计		

第24课时 复习与考核

<table>
<tr><td>教学主题</td><td colspan="3">考核内容：双手胸前传接球；定5个点投篮</td></tr>
<tr><td>教学目标</td><td colspan="3">1. 通过行进间球性练习增加学生手指手腕对球的支配能力。
2. 复习行进间变向运球和运球急停、急起的动作要领。
3. 通过考试提高学生的心理素质。</td></tr>
<tr><td rowspan="2">教学环节</td><td rowspan="2">教学内容</td><td colspan="2">运动负荷</td></tr>
<tr><td>次数</td><td>时间</td></tr>
<tr><td>开始准备部分</td><td>一、上课式
体委整队，报告人数，师生问好，检查服装，安排见习生。

二、各种跑的练习
1. 头部运球　2. 扩胸运动
3. 振臂运动　4. 体转运动
5. 体侧运动　6. 腹背运动
7. 跳跃运动　8. 正压腿运动</td><td>4×8拍</td><td>2分钟

3分钟</td></tr>
</table>

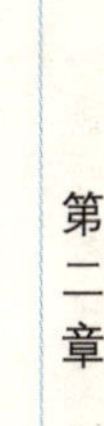

续表

<table>
<tr><th></th><th>教学实施建议</th></tr>
<tr><td>开始准备部分</td><td>一、组织
分 8 组，每组 4—5 人成体操队形散开。
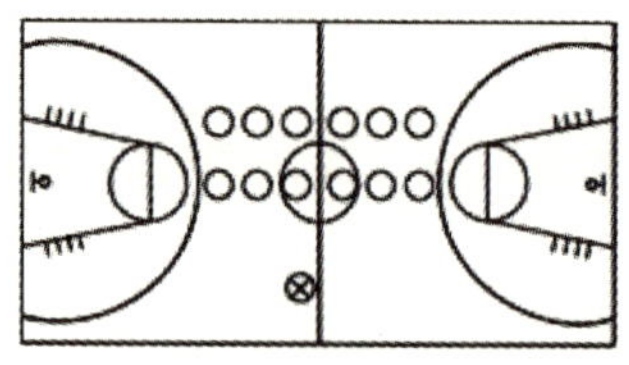
二、学法与教法
1. 教师协助体委整队，用读秒方法激发班级荣誉感，做到快、静、齐。
2. 教师示范，领做准备活动，边喊口令，边提示动作要领。
三、要求
积极参与，认真练习。</td></tr>
</table>

<table>
<tr><th rowspan="2"></th><th rowspan="2">教学内容</th><th colspan="2">运动负荷</th><th rowspan="2">教学实施建议</th></tr>
<tr><th>次数</th><th>时间</th></tr>
<tr><td>基本部分</td><td>三、行进间球性练习
1. 胸前手指拨球
2. 单双手抛接球
3. 腰、膝绕环
4. 胯下抛接球
5. 胯下绕“8”字
6. 前踢腿腿下交接球</td><td>各 1 次</td><td>6 分钟</td><td>一、组织
学生分为 5 组，每组 8—10 人。
二、学法与教法
1. 教师讲解示范动作方法，学生认真学习。
2. 学生在做动作的时候要尽量做到舒展。
三、要求
动作认真，体会手指手腕对球的支配能力的感觉。</td></tr>
</table>

续表

	教学内容	运动负荷		教学实施建议
		次数	时间	
基本部分	**四、考核要点和标准** 【考核标准】： 1. 在指定时间内双手胸前传球次数越多越好。 2. 注意传球手型，协调用力。 3. 在一分钟内，在 5 个指定地点投篮，全进而且用时间少为优秀。 标准一分钟传球： 100 次优秀 80 次良好 60 次及格 一分钟定点投篮： 进 5 球优秀 进 4 球良好 进 3 球及格	5 次	13 分钟	**一、组织** 学生分为两组，站在端线一侧。 **二、考核方法** 直线运球急停、急起，学生分两组，一人一球站立于端线，中速跑练习运球急停、急起。 **三、要求** 在规定的时间内完成。
结束部分	**五、小结本课、布置课外作业** 小结考核，对自身不足的技术动作进行巩固练习。 **六、归还器材、宣布下课**	5 次	13 分钟	**一、原地放松练习** **二、上课队形小结** 要求：集合迅速，认真听讲。 **三、课后练习今天学习的内容**

第25课时　2攻1配合(1)

教学主题	“二攻一”配合的进攻与防守的基本方法		
教学目标	1．学会和掌握“二攻一”与“一防二”的战术方法，并初步学会在对抗练习中运用。 2．发展灵敏、速度、耐力等身体素质。 3．培养合作意识和自信心，体验练习中的成功与乐趣。		
教学环节	教学内容	运动负荷	
		次数	时间
开始准备部分	**一、上课式** 体委整队，报告人数，师生问好，检查服装，安排见习生。		2分钟
	二、小篮球操 1．双手体前拨动球　2．单双手上抛球 3．手指拨球　4．腰部环绕交接球 5．提膝交接球　6．原地左右手运球 7．后踢腿运球　8．压手指	4×8拍	3分钟
	三、专项练习 自由运球练习。		3分钟

续表

<table>
<tr><td></td><td colspan="3">教学实施建议</td></tr>
<tr><td>开始准备部分</td><td colspan="3">一、组织
分 8 组，每组 4—5 人成体操队形散开。
二、学法与教法
1. 教师协助体委整队，用读秒方法激发班级荣誉感，做到快、静、齐。
2. 教师示范，领做小篮球操，边喊口令，边提示动作要领。
三、要求
积极参与，认真练习，控制好球。</td></tr>
<tr><td rowspan="2"></td><td rowspan="2">教学内容</td><td colspan="2">运动负荷</td></tr>
<tr><td>次数</td><td>时间</td></tr>
<tr><td>基本部分</td><td>四、二攻一配合
二攻一配合方法是快攻结束阶段以多打少的一种形式，也是比赛中常见的进攻形式。掌握二攻一的基本方法不仅可以提高以多打少能力，而且可以培养学生的战术配合意识，加快进攻的节奏，提高进攻成功率。
要点：拉开距离，纵斜传切，突分配合，传投结合。
五、一防二配合
要点：积极移动，弃远防近，迷惑逼真，抢截果断。
六、二攻一配合的游戏
把学生分成二人一组分别站在两端线外，一组传球推进前场投篮，对面出一组，其中一人到罚球区防守，另一人到边线等候。如进攻组利用二攻一配合方法进攻得分，则防守组拿球向对面球篮二打一；如进攻组进攻失败，则拿球返回另一端球篮二打一，直至二打一投篮成功。
【二攻一配合要点】：
两人拉开距离，球远离防守人，尽快结束进攻。
【易犯错误与方法纠正】：
易犯错误：传球时机控制不好，过早使防守人退回，过晚被防守人封堵。
方法纠正：要求在接近防守前运球前进，确定防守确实上前堵截时再传球，在半场反复练习。</td><td>8次

8次

8次</td><td>15分钟

10分钟</td></tr>
</table>

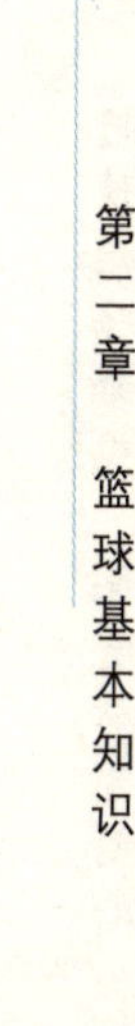

续表

<table>
<tr><td></td><td colspan="3">教学实施建议</td></tr>
<tr><td>基本部分</td><td colspan="3">【学法与教法】
1. 教师讲解“二攻一”与“一防二”的配合要点。提示学生仔细听讲，注意观察体会。
2. 组织学生进行跑位练习。
3. 组织学生分组对抗练习。半场二攻一：进攻方以运球吸引防守，采用“一传一切”等方法接球投篮，争取命中。一名同学消极防守，重点练习选位和移位。
4. 教师巡视，及时发现问题，指导并解决。
5. 视情况组织学生半场“二对二”或“四对四”教学比赛。半场一防二：进攻的同学相互传球。2～3 次后，接球同学突破并投篮，防守同学积极移动堵截，力争断球或封盖球，并注意随时移位。
6. 进行小组比赛，先中两球为胜。培养合作意识和自信心。在练习过程中学生可以进行互评、自评和交流。
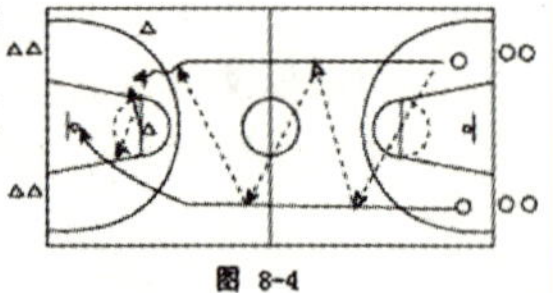
图 8-4
7. 小结各小组的学习情况。</td></tr>
<tr><td>器材</td><td>篮球</td><td></td><td>课后小结</td></tr>
<tr><td>运动负荷生理曲线预计</td><td>170
160
150
140
130
120
110
100
90
80
0
5 10 15 20 25 30 35 40</td><td>全课平均心率

全课练习密度</td><td></td></tr>
</table>

第 26 课时　2 攻 1 配合(2)

教学主题	“二攻一”与“一防二”战术的方法：半场人盯人防守		
教学目标	1. 学会和掌握“二攻一”与“一防二”战术的方法，并在对抗练习中运用。 2. 发展灵敏、速度、耐力等身体素质。 3. 体验练习中的成功乐趣。		
教学环节	教学内容	运动负荷	
		次数	时间
开始准备部分	**一、上课式** 体委整队，报告人数，师生问好，检查服装，安排见习。		2分钟
	二、小篮球操 1. 双手体前拨动球　2. 单双手上抛球 3. 手指拨球　4. 腰部环绕交接球 5. 提膝交接球　6. 原地左右手运球 7. 后踢腿运球　8. 压手指	各3—4次 4×8拍	3分钟
	三、专项练习 自由运球练习。		3分钟

续表

<table>
<tr><td></td><td colspan="3">教学实施建议</td></tr>
<tr><td>开始准备部分</td><td colspan="3">一、组织
分 8 组，每组 4—5 人成体操队形散开。

二、学法与教法
1. 教师协助体委整队，用读秒方法激发班级荣誉感，做到快、静、齐。
2. 教师示范，领做小篮球操，边喊口令，边提示动作要领。

三、要求
积极参与，认真练习，控制好球。</td></tr>
<tr><td rowspan="2"></td><td rowspan="2">教学内容</td><td colspan="2">运动负荷</td></tr>
<tr><td>次数</td><td>时间</td></tr>
<tr><td>基本部分</td><td>四、半场人盯人防守
半场人盯人防守战术，是在篮球比赛中由进攻者转入防守时，全队有组织地迅速退回后场，在半场范围内进行盯人防守的一种全队战术。它是篮球运动中各种防守战术的基础。在球动人不动条件下练习移动选位。

【半场人盯人防守配合要点】：
分工得当，强防强、弱防弱。分工负责，谁的人谁负责。个人防守的位置、距离、姿势、步法要正确。
要求：
进攻队的传球速度开始要慢，每次传球后，持球队员要做投篮、突破假动作，使防守队员逐步明确根据球的位置不同来调整个人防守位置，控制对手接球。在此基础上，进攻队逐步加快传球速度，提高防守选位的速度。进一步要求传球路线由单一到多变，要求防守队员合理运用各种防守步法，积极控制对手传接球，伺机抢断。</td><td>8 次

8 次</td><td>15 分钟</td></tr>
</table>

续表

<table>
<tr><th></th><th colspan="3">教学实施建议</th></tr>
<tr><td>基本部分</td><td colspan="3">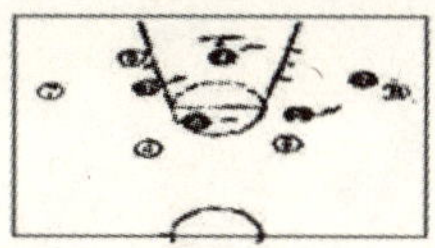
在球动人不动条件下练习移动选位。
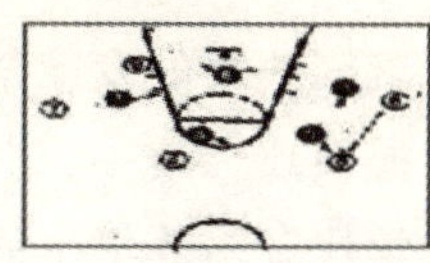
方法：进攻以 2－2－1 落位，队员位置固定，用球的转移帮助防守队员练习选位(图)。
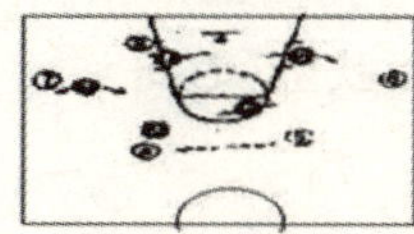 </td></tr>
<tr><td>器材</td><td colspan="2">篮球 40 个</td><td>课后小结</td></tr>
<tr><td rowspan="2">运动负荷生理曲线预计</td><td rowspan="2">170 160 150 140 130 120 110 100 90 80 0
5 10 15 20 25 30 35 40</td><td>全课平均心率</td><td rowspan="2"></td></tr>
<tr><td>全课练习密度</td></tr>
</table>

第 27 课时　快攻配合

教学主题	快攻配合			
教学目标	1. 进一步巩固快攻的发动与接应、推进的方法； 2. 初步掌握快攻二攻一、三攻二的配合方法和配合要点； 3. 通过教学比赛培养学生的技术运用能力和裁判技能； 4. 培养学生合作的精神，勇猛顽强的作风。			
教学环节	教学内容	运动负荷		教学实施建议
		次数	时间	
开始准备部分	**一、上课式** 体委整队，检查出勤人数；师生问好，宣布课的内容；安排见习生。 **二、小篮球操** 1. 胸前指拨球 2. 单、双手抛接球 3. 头、腰、膝绕环交接球 4. 胯下 8 字交接球 5. 前踢腿腿下交接球	4×8拍	5分钟	**一、集合队形** 分 8 组，每组 4—5 人成体操队形散开。 要求：快、静、齐。 **二、学法与教法** 1. 学生练习。 2. 教师指导。

续表

	教学内容	运动负荷		教学实施建议
		次数	时间	
基本部分	**三、继续学习快攻的发动与接应、推进** 【教学任务】： 进一步巩固快攻发动、接应、推进的配合方法。 【教学重点】： 快攻的发动与接应。		10分钟	**一、练习方法** 5人一组在限制区内成一圆圈，沿顺时针方向跑动，教师在罚球线模拟投篮，5人积极冲抢篮板球，然后分散、一传、接应、快下。 **二、练习要求** 积极冲抢篮板球，分散快、一传及时、插中接应位置路线好。

	教学内容	运动负荷	
		次数	时间
基本部分	**四、学习快攻二攻一、三攻二配合** **【教学任务】：** 初步掌握快攻二攻一、三攻二的配合方法与配合要点。 **【配合方法与配合要求】：** **二攻一配合** 当结束阶段二攻一时，两个队员应保持适当的距离，依据防守队员的位置和防守情况进行配合。可利用快速传球、快速运球、运球投篮等进攻手段，诱使防守队员判断错误，制造进攻机会。 **三攻二配合** 当结束阶段形成三攻二时，进攻队员应保持三角形拉开的纵深队形，两侧队员要略突前，中间队员稍靠后，以扩大攻击面，分散防守。同时应注意观察防守队员的站位情况，展开进攻配合。 **快攻结束的要求：** 1. 队员要保持冷静的头脑，掌握好快攻结束的节奏和时机；		20分钟

续表

	教学内容
基本部分	2. 队员之间要保持纵深队形和适当的距离，攻击要有层次； 3. 持球队员到罚球区附近时，要主动接近防守队员，根据防守队员情况处理球，但首先应自己投篮，减少不必要的传球，避免失误和违例；无球队员应注意牵制、拉开和跟进，以保持宽大的进攻队形和传球角度，严禁过早地跑往篮下而把防守队员带入限制区，造成互相干扰的局面； 4. 结束快攻时，要果断地利用中距离投篮，跟进队员要积极冲抢篮板球。
	教学实施建议
基本部分	**一、教学步骤：** 1. 讲解快攻二攻一、三攻二的配合方法与配合要点。 2. 演示快攻二攻一、三攻二的配合方法。 **二、练习方法** 如下图所示，2 人一组一球，从端线开始传球到对侧篮投篮后再传接球返回，第 2 组上 1 名队员消极防守，进攻队员练习二攻一配合。 练习要求： 传接球推进速度快，当过中线后注意控制推进速度，视防守情况果断运用运球突破上篮或传切上篮。 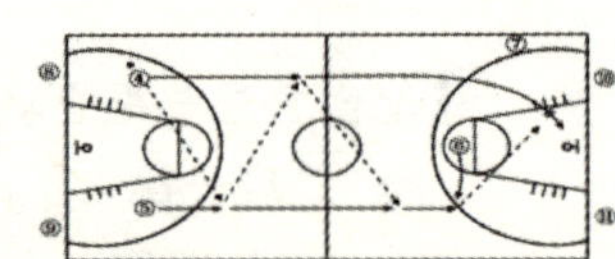 如下图所示，3 人一组 1 球，从端线开始传球到对侧篮投篮后再传球返回，第 2 组上 2 名队员消极防守，进攻队员练习三攻二配合。 练习要求： 传接球推进速度快，当过中线后注意控制推进速度，视防守情况果断运用运球突破上篮、传切上篮或中投。 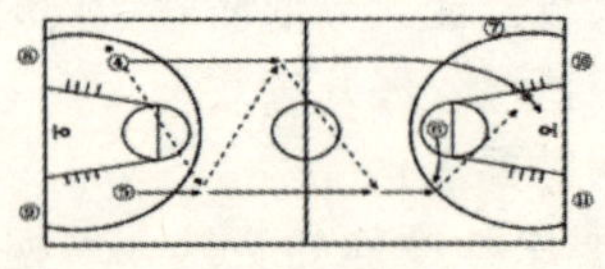

续表

	教学内容	运动负荷		教学实施建议
		次数	时间	
基本部分	**五、教学比赛及裁判实习** 【教学任务】： 提高战术的运用能力及裁判能力。 【教学重点】： 学生比赛时的团队配合。		5分钟	**一、方法** 按编排好的竞赛日程进行教学比赛。全场五对五，进行上下半时，每半时10分钟，每场比赛4名学生裁判实习。 **二、要求** 1. 进攻队员利用突破、运球、投篮提高个人攻击力，并注意应用传球技术助攻，尽量运用进攻战术基础配合。 2. 防守队员要用积极的脚步移动及时调整防守位置，注意对持球或无球人的防守取位，全队采用半场人盯人防守战术。 3. 裁判主要练习分工与配合，手势、跑位及宣判。
结束部分	**六、整理放松、课堂小结、布置课外作业练习** 1. 记上课日记。 2. 练习突破技术。 **七、下课**		5分钟	**一、方法** 慢跑及放松操。 **二、队形**
场地器材	球场一块，球每人一个。			

第 28 课时　防快攻

<table>
<tr><th>教学主题</th><th colspan="3">防快攻</th></tr>
<tr><td>教学目标</td><td colspan="3">1. 进一步巩固快攻二攻一、三攻二的配合方法和配合要点；
2. 初步掌握一防二、二防三的配合方法和配合要求。
3. 发展学生个人能力与团队配合能力。</td></tr>
<tr><th rowspan="2">教学环节</th><th rowspan="2">教学内容</th><th colspan="2">运动负荷</th></tr>
<tr><th>次数</th><th>时间</th></tr>
<tr><td>开始准备部分</td><td>一、上课式
体委整队，报告人数，师生问好，检查服装，安排见习生。

二、行进间球性练习
1. 胸前手指拨球　　2. 单双手抛接球
3. 腰、膝绕环　　4. 胯下抛接球
5. 胯下绕 8 字　　6. 前踢腿腿下交接球</td><td>4×8 拍</td><td>5 分钟</td></tr>
</table>

续表

	教学实施建议
开始准备部分	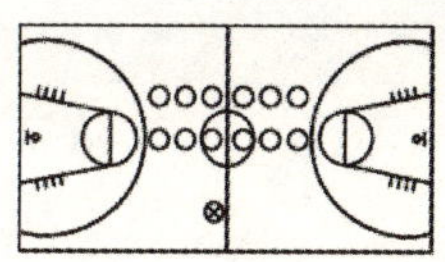 **一、集合队形** 要求：快、静、齐。 **二、教学步骤** 1. 学生练习。2. 教师巡视指导。 **三、练习方法** 如下图所示，3 人一组，从端线开始传球到对侧篮投篮后再传球返回，第 2 组上 2 名队员积极防守，进攻队员连续练习三攻二配合。 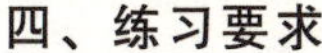 **四、练习要求** 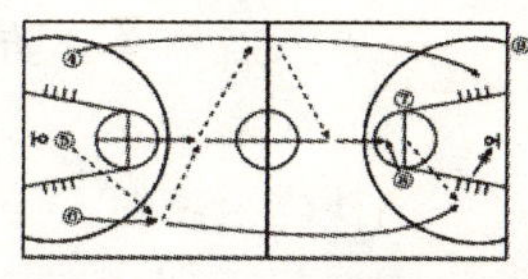 传接球推进速度快，当过中线后注意控制推进速度，视防守情况果断运用运球突破上篮、传切上篮或中投。

	教学内容	运动负荷	
		次数	时间
基本部分	**三、继续学习快攻结束部分配合** 【教学任务】： 进一步巩固快攻二攻一、三攻二配合方法。 【教学重点】： 三攻二配合。 **四、学习防守快攻** 【教学任务】： 初步掌握一防二、二防三的配合方法和配合要求。 【配合方法与配合要求】： **一防二：** 在快攻结束阶段，出现一守二攻的不利局面时，防守队员要利用各种假动作，使对手在远离球篮的地方停止运球，或减缓对方的运球速度，为退守队员争取时间。最后对方切入投篮时，要积极封盖，干扰对手投篮和拼抢篮板球。	次数	15 分钟

续表

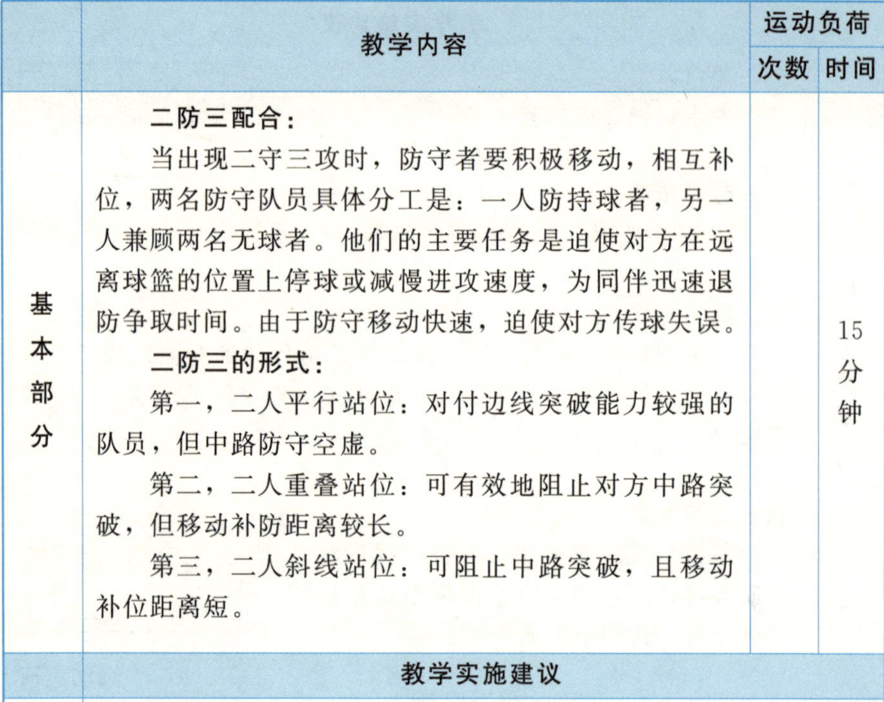

<table>
<tr><th rowspan="2"></th><th rowspan="2">教学内容</th><th colspan="2">运动负荷</th></tr>
<tr><th>次数</th><th>时间</th></tr>
<tr><td>基本部分</td><td>二防三配合：
当出现二守三攻时，防守者要积极移动，相互补位，两名防守队员具体分工是：一人防持球者，另一人兼顾两名无球者。他们的主要任务是迫使对方在远离球篮的位置上停球或减慢进攻速度，为同伴迅速退防争取时间。由于防守移动快速，迫使对方传球失误。
二防三的形式：
第一，二人平行站位：对付边线突破能力较强的队员，但中路防守空虚。
第二，二人重叠站位：可有效地阻止对方中路突破，但移动补防距离较长。
第三，二人斜线站位：可阻止中路突破，且移动补位距离短。</td><td></td><td>15 分钟</td></tr>
</table>

教学实施建议

一、教学步骤

1. 讲解一防二、二防三的配合方法和配合要求。

2. 演示一防二、二防三的配合方法。

二、练习方法

如下图所示，2 人一组 1 球，从端线开始传球到对侧篮投篮后再传接球返回，第 2 组上 1 名队员防守，防守队员练习一防二的方法。

三、练习要求

防守队员视进攻队员的位置情况果断上前或退回篮下防守，尽量造成进攻队员失误。

如下图所示，3 人一组 1 球，从端线开始传球到对侧篮投篮后再传球返回，第 2 组上 2 名队员防守，防守队员练习二防三。

练习要求：防守队员视进攻队员的位置情况采用不同的防守阵形，并果断上前防守，尽量造成进攻队员失误。

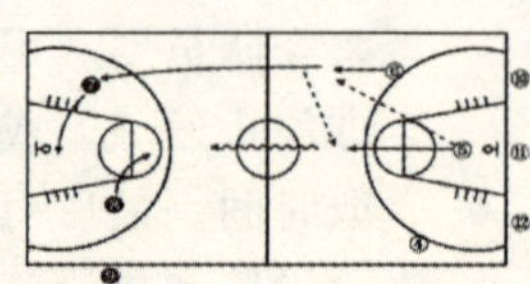

续表

教学内容	运动负荷		教学实施建议
	次数	时间	
五、教学比赛及裁判实习 【教学任务】: 提高战术的运用能力及裁判能力。 【教学重点】: 裁判工作能力。		5分钟	**一、方法** 按编排好的竞赛日程进行教学比赛。全场五对五，进行上下半时，每半时 10 分钟，每场比赛 4 名学生裁判实习。 **二、要求** 1. 进攻队员利用突破、运球、投篮提高个人攻击力，并注意应用传球技术助攻，尽量运用进攻战术基础配合。 2. 防守队员要用积极的脚步移动及时调整防守位置，注意对持球或无球人的防守取位，全队采用半场人盯人防守战术。 3. 裁判主要练习分工与配合，手势、跑位及宣判。
六、整理放松、课堂小结、布置课外作业练习 1. 记上课日记。 2. 练习突破技术。 **七、下课**		5分钟	**一、方法:** 慢跑及放松操。 **二、队形:** 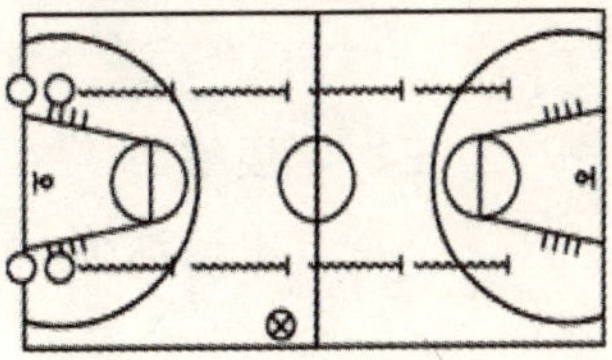

第29课时　传切配合

教学主题	传切配合			
教学目标	1. 学会和掌握“传切配合”战术的方法。 2. 发展灵敏、速度、耐力等身体素质。体验练习中的成功乐趣。			
教学环节	教学内容	运动负荷		教学实施建议
		次数	时间	
开始准备部分	**一、上课式** 体委整队，报告人数，师生问好，检查服装，安排见习生。 **二、小篮球操** 1. 双手体前拨动球 2. 单双手上抛球 3. 手指拨球 4. 腰部环绕交接球 5. 提膝交接球 6. 原地左右手运球 7. 后踢腿运球 8. 压手指 **三、专项练习** 自由运球练习。	4×8拍	5分钟	**一、组织** 分8组，每组4—5人成体操队形散开。 **二、学法与教法** 1. 教师协助体委整队，用读秒方法激发班级荣誉感，做到快、静、齐。 2. 教师示范，领做小篮球操，边喊口令，边提示动作要领。 **三、要求** 积极参与，认真练习，控制好球。

续表

<table>
<tr><th rowspan="2"></th><th rowspan="2">教学内容</th><th colspan="2">运动负荷</th><th colspan="2" rowspan="2">教学实施建议</th></tr>
<tr><th>次数</th><th>时间</th></tr>
<tr><td rowspan="2">基本部分</td><td>四、传切配合
(1)拉开位置，拉空腹地。
(2)传球后利用假动作摆脱防守。
(3)启动突然，侧身接球。
(4)传球及时、到位。</td><td>各5次</td><td>20分钟</td><td colspan="2">★示例　传切练习(下图)。队员站成两列，其中④一组持球，④传球给⑤后摆脱防守，空切篮下接⑤的回传球投篮，⑤冲抢篮板球，交换位置。
要求：传球后摆脱空切要起动突然、快速，传球要及时到位。</td></tr>
<tr><td colspan="5">传球落位练习(下图)。队员分成四组站立，④、⑤各持一球，④传球给⑥切向底线后，转身溜底到右侧⑦的位置。⑥接球后回传给④身后的队员，然后跑向队尾。两侧同时进行，练习依次按图示路线落位。
要求：落位及时，接球后作瞄篮动作，要有攻击意识。
 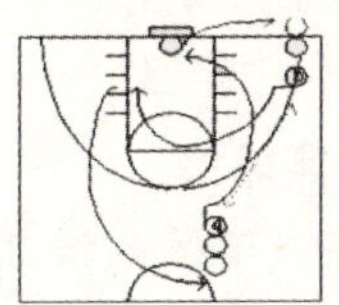</td></tr>
<tr><td>器材</td><td colspan="4">篮球 40 个</td><td>课后小结</td></tr>
<tr><td rowspan="2">运动负荷生理曲线预计</td><td colspan="2" rowspan="2">170 160 150 140 130 120 110 100 90 80 0
5 10 15 20 25 30 35 40</td><td colspan="2">全课平均心率</td><td rowspan="2"></td></tr>
<tr><td colspan="2">全课练习密度</td></tr>
</table>

第30课时　突分配合

<table>
<tr><td>教学主题</td><td colspan="4">突分配和</td></tr>
<tr><td>教学
目标</td><td colspan="4">1. 学会和掌握“突分配合”战术的方法，并在对抗练习中练习运用。
2. 发展灵敏、速度、耐力等身体素质。体验练习中的成功乐趣。</td></tr>
<tr><td rowspan="2">教学环节</td><td rowspan="2">教学内容</td><td colspan="2">运动负荷</td><td rowspan="2">教学实施建议</td></tr>
<tr><td>次数</td><td>时间</td></tr>
<tr><td>开始准备部分</td><td>一、上课式
体委整队，报告人数，师生问好，检查服装，安排见习生。

二、小篮球操
1. 双手体前拨动球
2. 单双手上抛球
3. 手指拨球
4. 腰部环绕交接球
5. 提膝交接球
6. 原地左右手运球
7. 后踢腿运球
8. 压手指

三、专项练习
自由运球练习。</td><td>4×8拍</td><td>8分钟</td><td>一、组织
分8组，每组4—5人成体操队形散开。
O

二、学法与教法
1. 教师协助体委整队，用读秒方法激发班级荣誉感，做到快、静、齐。
2. 教师示范，领做小篮球操，边喊口令，边提示动作要领。

三、要求
积极参与，认真练习，控制好球。</td></tr>
</table>

续表

	教学内容	运动负荷		教学实施建议
		次数	时间	
基本部分	**四、突分配合的练习方法** **★示例 1：**学生分两组。开始时④持球突破，在突破中跳起分球给向两侧移动的⑦，⑦在接球后示意投篮动作，然后传球给⑤，⑤接球后入底线或内侧突破，跳起传球给接应的⑧。位置交换④到⑦排尾，⑦到④排尾。练习一定次数后，改换从左边突破分球练习。 **要求：**突破要有速度，注意保护好球。接应分球的队员移动要及时。 **★示例 2：**（图二）（教师）持球运球，④、⑤为防守（消极防守）。④接传球后向篮下运球突破，当遇到⑤补防时，将球分给移向空位的⑤，⑤接球投篮。④、⑤抢篮板球回传给（教师）。位置按逆时针方向。若干次后可从左边突破分球。 **要求：**④接球前要做摆脱动作，突破时保护好球，⑤要及时突然移动至空隙地区接应。	各5次	12分钟	图一 图二

续表

	教学内容	运动负荷		教学实施建议
		次数	时间	
基本部分	★**示例 3**：参加者分三组，站在④身前做防守，⑥传球给⑤后，去给④做掩护，④先锋同左前方下压，待⑥做好掩护时，突然变向加速向右切入接⑤的传球投篮。⑥及时转身跟进抢篮板球。按顺时针方向换位，依次练习。 ★**示例 4**：（图三）后掩护练习。参加者分三组，④和⑥消极防守，④和⑤相互传球，⑥适时地去给⑤做后掩护，⑤利用⑥的掩护徒手摆脱防守切入篮下接④的球投篮，或利用⑥的后掩护持球突破上篮。如果⑥换防⑤，则④或⑤将球传给掩护后转身面向球的⑥投篮。练习数次交换位置和攻守任务。	各5次	20分钟	图三
器材	篮球 40 个			课后小结
运动负荷生理曲线预计		全课平均心率 全课练习密度		

第 31 课时　比赛

<table>
<tr><td>教学主题</td><td colspan="4">比赛</td></tr>
<tr><td>教学目标</td><td colspan="4">通过比赛及时了解和掌握学生所学篮球技术的不足。在以后训练中重点练习解决比赛中所出现的问题。</td></tr>
<tr><td rowspan="2">教学环节</td><td rowspan="2">教学内容</td><td colspan="2">运动负荷</td><td rowspan="2">教学实施建议</td></tr>
<tr><td>次数</td><td>时间</td></tr>
<tr><td>开始准备部分</td><td>一、上课式
体委整队，报告人数，师生问好，检查服装，安排见习生。

二、小篮球操
1. 双手体前拨动球
2. 单双手上抛球
3. 手指拨球
4. 腰部环绕交接球
5. 提膝交接球
6. 原地左右手运球
7. 后踢腿运球
8. 压手指

三、专项练习
自由运球练习。</td><td>4×8 拍</td><td>5—7 分钟</td><td>一、组织
分 8 组，每组 4—5 人成体操队形散开。

二、学法与教法
1. 教师协助体委整队，用读秒方法激发班级荣誉感，做到快、静、齐。
2. 教师示范，领做小篮球操，边喊口令，边提示动作要领。

三、要求
积极参与，认真练习，控制好球。</td></tr>
</table>

续表

<table>
<tr><th rowspan="2"></th><th rowspan="2">教学内容</th><th colspan="2">运动负荷</th><th rowspan="2">教学实施建议</th></tr>
<tr><th>次数</th><th>时间</th></tr>
<tr><td rowspan="2">基本部分</td><td>四、比赛
1. 半场三对三
2. 全场比赛</td><td></td><td>32分钟</td><td>标准篮球场</td></tr>
<tr><td>讲解纠正
1. 找出比赛中的不足。
2. 进行针对性练习。</td><td></td><td></td><td>标准篮球场</td></tr>
<tr><th>器材</th><th colspan="3">篮球 40 个</th><th>课后小结</th></tr>
<tr><td rowspan="2">运动负荷生理曲线预计</td><td rowspan="2">170
160
150
140
130
120
110
100
90
80
0
5 10 15 20 25 30 35 40</td><td colspan="2">全课平均心率</td><td rowspan="2"></td></tr>
<tr><td colspan="2">全课练习密度</td></tr>
</table>

篮球激扬梦想　阳光沐浴身心

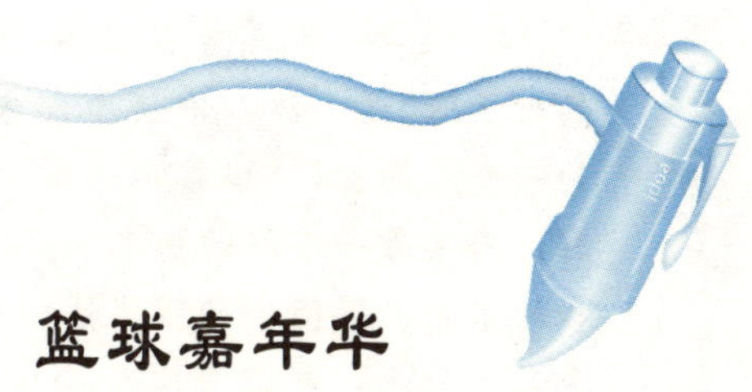

第三章 篮球嘉年华

通过将近一学期的学习与实践，现在的你在篮球场外肯定跃跃欲试了吧？那就来吧！“是骡子，是马，拉出来遛遛！”我们翠微小学每年一度的盛大的“篮球嘉年华”活动就是你展现篮球风采的绝佳舞台。你听，那声嘶力竭的呐喊声、助威声，不绝于耳！你看，那奋力拼搏的男队员、女队员，朝气蓬勃！这，就是翠微小学的篮球精神！

建校之初，翠微小学就将篮球作为特色体育教学的重点项目。2007年9月，学校成为海淀区篮球协会挂牌的“篮球活动基地”。2008年，随着翠微小学篮球技术水平的不断提升，学校被海淀区体育局评为“篮球传统校”。从此，翠微小学的篮球训练水平走上了更专业的发展轨道。至2009年，篮球活动已经成为了学校体育特色项目。

2010年，随着学校进入精品化办学时期，“明德至翠，笃行于微”这一核心价值理念成为了引领学校方方面面工作的一个方向标，“培养明德笃行的阳光少年”成为了每一个学科，乃至每一节课的基本任务。而这，也意味着我们体育课程的宗旨、翠微小学篮球精神的内涵将得到进一步的丰富与提升。为此，我们将翠微小学体育精神确立为“健康体魄，阳光心态”，并以此作为篮球校本课程开发与实施的核心与宗旨。为了把这一精神持续地发展下去，让更多的学生了解篮球，参加到篮球活动当中来，从而达到锻炼身心的目的，从2009年起，学校每年10—11月利用每天中午的时间开展全校性的“篮球嘉年华”活动，并努力将其固化成为翠微小学的一项传统活动。

“篮球嘉年华”活动是一项综合性的活动，是翠微小学体育教师通过多年带队训练及教学中总结与反思，创造性地设计出的一些趣味性强、适合学生表演并具有竞争性的一些活动。活动的目的在于让学生在活动中达到既锻炼身体，又能增智、增艺、历练心态的目的，同时也预想能够让学生们通过篮球这项运动找到自己喜欢的体育活动，达到由单一化运动向多样化运动的转变，从而更好地达到锻炼身心这一目的。

活动设计

翠微小学一校四址，高年级与低、中年级不在一个校区。根据这一特殊的校情，结合不同年龄阶段学生的特点，我们因校制宜，分层次、分阶段地开创了具有翠微小学特色的篮球嘉年华系列活动。即：本校进行五年级的篮球基本功挑战赛；六年级举行男女生的篮球班级联赛；六年级女生进行拉拉队比赛；在一分校、二分校以及温泉校区的三、四年级进行团队传接球等趣味性比赛；一、二年级进行篮球基本功比赛，如比拍球，运球跑等；活动内容丰富，层次清晰，这一设计得到了广大师生的积极响应。

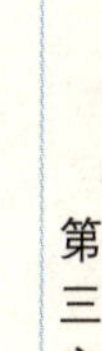

——去挑战喽！呃，要挑战哪一项呢？
——还是先来看看“篮球嘉年华挑战卷”吧！

翠微小学第三届篮球嘉年华挑战卷			
项目	综合技术	成绩	
班级			
姓名			
性别			

翠微小学第三届篮球嘉年华挑战卷			
项目	定点投篮	成绩	
班级			
姓名			
性别			

翠微小学第三届篮球嘉年华挑战卷			
项目	曲线运球	成绩	
班级			
姓名			
性别			

翠微小学第三届篮球嘉年华挑战卷			
项目	立定跳远	成绩	
班级			
姓名			
性别			

翠微小学第三届篮球嘉年华挑战卷			
项目	折返跑	成绩	
班级			
姓名			
性别			

风采舞动

传球比赛：比一比，谁传的最准！

篮球联赛：挡住你的眼睛，看你怎么投进！

胜负之间：进？不进？

拉拉队也疯狂！

运球我也行！

趣味篮球赛　　——冲啊！

定点投篮挑战赛：亲爱的，一定要进啊！

为梦想而舞动！拼啦！

我是小裁判！嘿，我可得认真打分！

准备！开始！

瞧瞧，多给力呀！

来，再举高一点吗！

女篮的飒爽英姿：我的妈呀，谁能抢到球呢？

突破！得分！

叮咛：心态一定要放松！稳扎稳打！

获奖瞬间

今儿呀今儿个真高兴！

哈哈，我们巾帼不让须眉哦！

我们女篮就是强，咋的？

瞧这金灿灿的奖杯！

瞧这金灿灿的奖杯！真自豪！张校长为我们发奖！

老师，您看看这奖杯，咱们班的！

别看错了，穿绿色衣服的才是我们哦！

走上领奖台的喜悦

来，观赏一下我的奖品！

再来看看我的奖品吧！

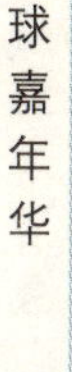

学生絮语

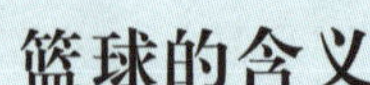

篮球的含义

沈昕雨

许多同学对于篮球这项运动的印象仅仅就停留在了好玩、有趣这个层面。但是，当我打完这场篮球赛时，我赋予了它一种新的理念和内涵。

好玩、有趣只是观众所看到的，但如果是内行人，情况可就不同了。当你看到赛场上一个个汗流浃背的运动员互相对视时的情景，当你看到每个球员争先恐后地滚在地上抢球时的情景，当你看到一个队员因要投篮而连续摔倒在地的情景，你会想到什么？它所代表的不只是赢和输的重要性，还有一个团队的拼搏精神，像狼一样，即使输了，也不会永远败在此地。

同时，也正是因为有这种激烈的竞赛，才会有常人所说的精彩，精彩也源于“争”这个字。所以篮球的含义并不再仅是有趣这个最外在的理解了。

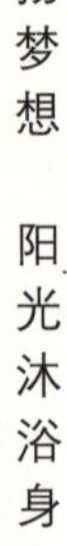

篮球的魅力

李子宜

篮球是一项深受人们喜爱的球类运动，它既可以强身健体，又可以磨练意志，还可以增进友谊，可谓是一石三鸟。篮球运动十分广泛，这不，我校又开展了一年一度的“篮球嘉年华”活动。

篮球的魅力真大呀！同学们课上练运球、练投篮，课下抢球玩、打比赛。打得棒的同学在赛场上顽强拼搏，没有上场的同学在赛场外呐喊助威。不论平日的师与生，不论水平的高与低，可谓是“全校师生一齐动”！

我班同学也酷爱篮球。在女篮第一轮小组赛中，队员们在场上与对手展开了奋力角逐，为了班级的荣誉，为了不辜负同学们的希望，早已筋疲力尽的她们一直顽强地坚持着。场下的同学们用最洪亮的喊声鼓励着她们，比赛最终以胜利而告终。同样，在班友六(1)班比赛时，我班全体同学也都积极参加了拉拉队，为(1)班同学加油鼓掌，为此两班变得更为友好。

如此看来，“篮球嘉年华”活动能够火热到一定程度就不仅是它的荣誉了，更重要的是它满足了我们的兴趣，帮助了我们成长，在快乐中带给了我们收获！

最近比较开心

李岱伟

我最近比较开心。因为学校的“嘉年华”篮球比赛已经拉开了帷幕，每个班的运动员都准备大显身手，各显神威。

一声声加油、呐喊，为运动员鼓舞士气的班级拉拉队最显眼。从他们制作的加油牌，必胜牌就能看出，这个班是否团结，是否拼搏，是否齐心，是否努力。这能使全班紧密地团结在一起，增强班级的向心力！

运动员们都摆正了心态去迎接一个个挑战。此次比赛本着友谊第一，比赛第二，切磋第三的宗旨进行着。他们的心底都埋下了一个闪烁光芒的坚定信念，那就是：无论输赢，只要我们努力了。我们永远是最棒的！

最后，我预祝比赛能画上一个圆满的句号，同时，我也坚信运动员们会在场上表现得更出色！

最近，我真的比较开心！

难忘的嘉年华

何琬楠

中午，同学都怀着激动的心情涌进篮球场，运动员们个个儿精力充沛，大家互相击掌鼓励。

“嘟！”只听一声哨响，比赛开始了，同学们在场内奔跑着，观赛的同学更激动，加油喝彩的声音连续不断，比赛进入关键的时刻，同学们都屏住了呼吸，等待着那个十分重要的一个球，“进了！”同学们雀跃，运动员们激动地扑向同学们，他们拥抱在一起，此时，每个人的脸上都露出灿烂的笑容。

对方尽管输了，可他们同样光荣，重在参与，你们也很棒！输了没关系，世界上哪有人能次次成功？跌倒了，爬起来，继续努力！

附件一
翠微小学篮球校本课程开发方案

一、开发目的和依据

(一)开发目的

1. 提高学生身心健康水平，弘扬翠微小学“健康体魄，阳光心态”的体育精神。

“身心健康”一直是体育与健康课程理论与实践的核心词汇，提高学生身心健康水平乃是体育课程与教学的一贯宗旨，因此，坚持“健康第一”必然成为篮球校本课程开发的基本指导思想。与此同时，结合体育课程的理念，学校“明德至翠，笃行于微”的学校文化价值追求，以及“培养明德笃行的阳光少年”的培养目标，我们研究提炼出“健康体魄，阳光心态”作为翠微小学的体育精神。篮球校本课程开发正是对这一精神的弘扬与践行。

2. 实现翠微小学更多师生的个性化发展

进行篮球校本课程的开发与建设，目的还在于使学生在掌握国家课程规定的基础知识、基本技能的同时，个性得到张扬，能力得到提升，从而有助于学生得到更为充分和更为主动的个性化发展。另外，本课程在开发与建设的过程中，起主导作用的是我们的体育教师，从课程理念的定位到课程目标的拟定，从课程内容的筛选到课程实施的运作，等等都需要教师不断的实践与反思，而这一过程，其实也就是教师得到个性化专业成长的过程。个性化的学生与个性化的教师共同成就着学校的个性，共同促成了学校的特色发展。

3. 落实翠微小学文化办学的理念

翠微小学如今已经步入了一个文化办学的时期，以文化建设引领学校的内涵发展已经成为了学校领导与教职员工的共识。

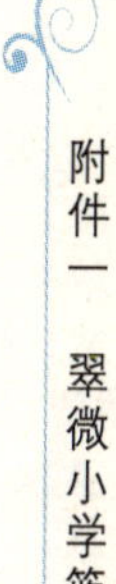

2009年，学校审时度势地确立了发展的理想构图："明德至翠，笃行于微"是翠微小学的校训；"培养明德笃行的阳光少年"是翠微小学的培养目标；"创建受社会广泛认可的'翠微教育'品牌学校"是翠微小学的办学目标。这一具有高度凝练性与前瞻性的办学理念体系为学校的发展指引了方向，也规定了学校发展的文化特质。但是，如何彰显这一文化特质？很显然，光靠理念传诵、物质的堆砌是远远不够的，课堂教学才是学校发展的主渠道。而校本课程建设则又是凝练文化特色、反映文化品位的一条捷径。此次篮球校本课程开发正是呼应了这一文化发展的主题，是彰显翠微小学文化品味与特色的一个旅程。

4. 完善翠微小学"国家、地方、学校三级课程体系"

"实行国家、地方、学校三级课程管理"是贯彻落实教育部《基础教育课程改革纲要(试行)》(教基[2001]17号)文件精神的重要举措，也是中小学基础教育课程改革的重要内容之一。基于此，完善国家、地方、学校三级课程体系同样成为翠微小学课程改革与完善的基本要求。经过几年的探索与学习，我们逐渐认识到：达到这一要求的关键就在于合理调整国家课程、地方课程及校本课程的比例与结构。如何合理调整？翠微小学一贯认真贯彻执行国家课程，并且在保证国家课程开足、开齐的情况下，因地制宜地开设了地方课程，不仅活跃了课程体系，而且带动了课堂教学的发展。但是，经过总结与反思，我们形成这样一个共识，即：一个全面、稳定、活跃的课程体系，不仅需要国家课程作为基础，不仅需要地方课程作为点缀，还需要校本课程作为补充，以丰富和完善课程体系。篮球校本课程开发正是这一理性思考之下的实践举措之一。

(二)开发依据

1. 政策依据

翠微小学篮球校本课程开发与建设是认真贯彻教育部《基础教育课程改革纲要(试行)》(教基[2001]17号)精神、《北京市教育委员会关于加强义务教育课程管理推进课程整体建设的意见》(京教基[2009]19号)和《海淀区中小学校本课程开发与实施指导意见》(海教发[2010]19号)的一次学校层面的实践。本课程的开发与建设是在我校体育课程教学充分完成国家规定的体育课程的基础之上，根据学校的实际和学生的发展需求而进行的一次有益尝试，同时也是对国家规定课程的一次拓展与深化，对于学生在运动参与、运动技能、身体健康等五个领域目标和水平的达成均具有促进作用。

2. 学生拥有浓厚的兴趣

作为体育课程的必备内容，从二年级开始，篮球课程就已经在我校体育教学中有所渗透。在这些初级的篮球课程教学中，许多孩子对篮球表现出了浓厚的兴趣。尤其是在高年级，一些班级与班级之间的篮球比赛成为了广大学生课余生活的重要组成部分，而近几年学校一年一度的“篮球嘉年华”活动，更是提升了学生们对篮球的兴趣。为此，针对现有的篮球兴趣小组和日常教学零星渗透难以满足广大学生这一现状，我们根据篮球教学的实际和学生身心成长的规律，特选择在四年级开设篮球校本课程，既能够对学生在二、三年级掌握的篮球知识和技能进行提升，又为五、六年级学生的篮球基本技术和战术训练提供了基础支撑。

3. 高水平的师资

富有学校个性特征的校本课程的开设必然要求拥有具有个性化特征的师资队伍。近年来，学校积极招贤纳士，历经多年打造，形成了一个年龄结构合理、素质优秀的体育教师团队。其中，有多位体育教师为国家篮球二级运动员，国家二级篮球裁判员，具有非常专业的篮球运动技能与素养。这些，是篮球校本课程实现顺利开发与实施，并走向精品化的最大保证。

4. 课程资源丰厚

篮球这项运动在我校已开展多年，是我校的传统体育项目，有着扎实的基础。建校之初，翠微小学就将篮球作为特色体育教学的重点项目。2007年9月，学校成为海淀区篮球协会挂牌的“篮球活动基地”。2008年随着翠微小学篮球水平的不断提升，被海淀区体育局评为“篮球传统校”。从此，翠微小学的篮球训练水平走上了更专业的发展轨道。2009 年，篮球活动已经成为学校体育特色项目。而从 2009 年至今，一年一度的篮球嘉年华活动则更是为学校的篮球特色发挥得淋漓尽致。作为学校的一项高普及率、高参与率的活动，它不仅成为学生篮球知识和技能的“练兵场”，同时也是一门蕴含丰富的德育教育契机的隐性课程。这些，无论是对篮球校本课程的内容开发方面，还是课程的实施和评价方面都是宝贵的资源。

另外，在五、六年级国家体育课程里面也有着较为丰富的篮球教学内容，在此基础上，我们对其进行适当的选择、调整，在实践中对教学内容进行移植、拓展、改编与创新，开发出适合我校实际的篮球校本教材。

二、课程性质、目的及开课对象

(一)课程性质

校本限定必修课程。

(二)课程目的

翠微小学篮球校本课程是一门以篮球技能练习为主要手段，以增进学校学生身心健康为主要目的的校本限定必修课程，是学校校本课程体系的重要组成部分，是实施素质教育，贯彻学校“明德至翠，笃行于微”的文化理念，培养“明德笃行的阳光少年”不可缺少的重要途径，是对现有的国家规定的体育课程的一种开拓与创新。

(三)开课对象

四年级全体学生。

选择四年级学生作为篮球校本课程的授课对象是有一定依据的：首先，学生从二年级开始就已经在常规的体育教学中渗透了篮球教学，孩子已经熟悉篮球，知道篮球的基本术语和动作组合，但是在篮球的球性掌握方面尚不具备。其次，在五、六年级已经开始发展篮球的技术、战术能力，而学校一年一度的篮球嘉

年华活动也为此提供了平台。故而，在四年级进行完整而全面的篮球基本知识和技能的学习是必需的，能够为孩子的篮球运动技能的顺利而有序的发展起到一个很好的过渡和衔接的作用。

三、课程开发原则

(一)统一性原则

统一性原则是篮球校本课程开发与实施必需的宏观要求。过程中，我们要时刻明白，篮球校本课程的开发与实施是带有情境性的，即：篮球校本课程是体育课程体系之中的校本课程，是翠微小学的校本课程。那么，这种情境性就势必要求篮球课程的开发与实施要达到几个一致，分别为：与学校的办学理念、文化价值追求相一致；与学校整体的课程发展规划相一致；与其他学科的课程与教学、校本课程相一致。达到这三个一致，篮球校本课程的开发与实施才称得上是合理的、科学的，否则，便失去了可持续发展的根基。

(二)针对性原则

针对性原则是篮球校本课程开发与实施具体操作过程中的指针。我们可以从两个维度来理解这一原则。首先，在内容的选材上，要针对学科特点，有效地将篮球较为抽象化的知识结构转化为通俗易懂的，小学生能够容易理解和掌握的知识结构。其次，在目标定位和方式、方法的选择上，要针对 4 年级学生的兴趣需要和学习特点与规律，从而达到课堂教学的高成效。特别是，我们在 2、3 年级和 5、6 年级的体育课教学中均渗透了篮球教学，那么，针对四年级的校本课程与 2、3、5、6 年级的常规篮球课程存在哪些区别，而且，4 年级的学生应该掌握的篮球基础知识和技能有因为年级的规定性而拥有哪些新的要求和内涵，这些在进行课程开发与实施的过程中都是需要我们审慎考虑的问题。

(三)实践性原则

作为一项以运动为主要特征的课程，实践性原则是篮球校本课程开发与实施的应有之义。实践性原则具有两方面的内涵：首先，有效落实篮球课程的实践性特征，在篮球实践中逐步地丰富学生的知识，培养学生的能力和品质。其次，实践性原则又可以理解为开放性原则或者过程性原则，即：篮球校本课程的开发是在过程中完成的，是在不断的实践与反思之中走向圆满和完善的。因此，校本课程开发的过程中，我们的心态一定是开放的，应该随时接纳一些合理的意见和建议，在过程中进行有效地反思性改进。

(四)创新性原则

创新性原则是实践性原则的进一步深化。篮球校本课程开发是在国家体育课程基础之上的一种探索与实践，是普遍与常规之上的特色突破。那么，要形成和持有这种特色，在探索与实践中就要进行不断地超越与创新。不管是在理念的定位上，还是在课程内容的更新上，还是在教学方法和策略的选择上，都存在着我们的创新点。但是，同时我们要时刻谨记：创新不是一味地求新、求异，成熟的创新应该是在继承原有基础之上的一种上升和飞跃，只有辩证地运用好这一原则，我们的篮球校本课程才能在稳定、有序中走向科学持久的发展。

四、课程实施

(一)实施理念

篮球校本课程的实施要突出三个结合：一是国家课程与校本课程相结合，使国家课程与校本课程相互补充、相互渗透、形成整体，力争使学生基础扎实，个性特长得到充分发展；二是学校教育与社区教育相结合，打破只有在学校才能受到教育的传统观念，活动内容根据有效性进行选择；三是篮球校本课程评价与体育学科评价相结合，促进学生健康、全面的发展。实施的原则将在篮球校本课程的实施纲要里面具体阐述。

(二)实施支持与保障

1. 培训支持

学校会定期或不定期地组织相关的教师参加培训，主题涉及

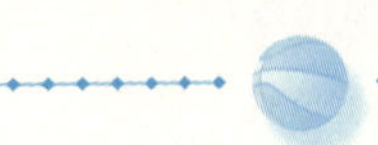

学校文化建设、校本课程建设、教学法培训、篮球技能培训等。培训方式可以采取专家进校的方式，也可以采取校外培训的方式，具体视情况而定。

2. 资金保障

学校每年设立专项资金一万元，用于篮球校本课程的开发与实施、教师培训、设备配置、对外交流等。教师在课程开发与实施过程中必需使用的费用有权申报，得到校本课程委员会的审核批准后，必须专项使用。添置教师用书，合理配置教学器材和设备。

3. 场地支持

学校现有 400 米、200 米标准田径场和 150 米环形塑胶田径场各一块，120 米环形塑胶场地一块，标准篮球场 5 个。相关体育器材配备均达到国家相关要求，符合国家有关安全标准和相关功能规定。同时，学校将会根据需求进一步加强专用场地的建设和维修。

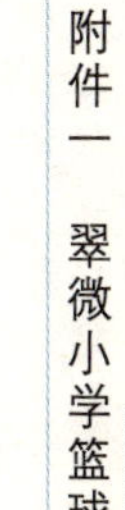

4. 氛围支持

学校已经进入了文化办学的阶段，学校文化的价值追求正通过各种各样的途径内化为每一位师生的价值追求，而且，已经取得了初步良好的效果。随着学校课程总体规划的出炉，学校内部整体的课程生态现在进入一种活力彰显时期。民乐课程已经初见成效，面塑课程也在成型时期，而国画、书法和篆刻课程也都处在积极的准备期。这些，无疑为篮球校本课程的开发与实施提供了一个优良的课程文化生态，共同推进篮球课程走向成熟。

五、课程管理

(一)成立翠微小学体育校本课程管理委员会

遵循校本课程开发与管理相结合的原则，保障翠微小学篮球校本课程的顺利开发与实施，特成立了以校长为组长的校本课程管理委员会，负责校本课程的指导、审议、监督、评估等工作。翠微小学篮球校本课程开发成员及分工如下：

组 长：张彦祥

副组长：周金萍 孟桂民

成 员：文亚、张东、王雪东、常志超、聂博文、樊星

(二)建立体育校本课程管理制度

建立翠微小学体育校本课程管理制度，行使其交流、督导、监控、激励功能，以保证篮球校本课程的顺利开发与实施。

附件二
翠微小学篮球校本课程实施纲要

主讲教师姓　名	王雪冬、聂博文 常志超、樊星	课程类型	体育类校本课程	教学材料	课程文本资料、篮球等
课程性质	校本限定必修课	授课时间	本课程每班每学期 36 课时	授课对象	4 年级
课程目标或意图	1. 丰富学生关于篮球及篮球运动的基本知识、规则知识、战术知识等； 2. 通过训练发展队员的球性、运球、传球、投篮、柔韧和协调性练习，提升学生的身心协调能力，并且使部分学生掌握一些基本的篮球战术能力； 3. 充分利用篮球运动的团队性等特征，培养学生良好的合作意识、大局意识和在群体中的协调能力； 4. 通过各种有效的途径和方式引导学生走近篮球，在亲身参与和篮球活动的过程中喜爱篮球，喜爱体育运动； 5. 培养学生良好的身体和心理素质，豁达阳光的心态、坚忍的意志品质和团结协作的团队精神。				
课程内容或活动安排	**主要内容及活动：** 篮球知识讲解、运球、传球、球性练习、技战术演练、教学比赛等。 **教学计划及课时安排：** 鉴于篮球课程教学兼具室内教学和室外教学的任务，我们本次篮球校本课程的开发主要从室内课和室外课两个维度来进行开发。其中，室外课主要包括三个单元(31 课时)的教学主题，室内课包括篮球的起源与发展、篮球运动的特点与价值、篮球运动的规则、篮球运动的场地以及 NBA 等基本篮球知识的讲解和介绍，并以此作为室外课的有效补充和延伸。				

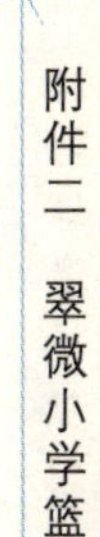

课程内容或活动安排

篮球校本课程的课时计划如下：

单元	课次	任务与主题
一	1	持球、熟悉球性
	2	侧身跑
	3	体前高低运球；体前变方向运球
	4	背后胯下变向运球；原地后转身运球
	5	多种形式的运球练习
	6	行进间运球
	7	行进间直线运球
	8	行进间运球急停、急进
	9	行进间运球后转身
	10	移动技术(滑步、撤步)
	11	行进间变向运球
	12	运球急停、急起的动作方法
	13	复习行进间变向运球和运球急停、急起技术
	14	考核：行进间变向运球
二	15	双手胸前传、接球
	16	双手胸前反弹传球
	17	行进间双手胸前传接球
	18	复习：两人一组原地的胸前传接球和行进间胸前传接球
	19	原地单手肩上投篮
	20	原地跳起单手肩上投篮
	21	防守无球队员
	22	原地交叉步持球突破技术
	23	复习行进间进攻技术
	24	复习与考核
	25	2 攻 1 配合(1)
	26	2 攻 1 配合(2)
	27	防快攻
三	28	快攻配合
	29	传切配合
	30	突分配合
	31	比赛

课程实施建议	**教学原则：** **主体性原则：** 我们可以从因材施教的维度来理解这一原则。篮球课程教学以促进学生身心健康发展为第一宗旨，所以，教学的方法与过程首先要以学生的身体素质水平、学生的接受能力为基础。在训练的过程中既要能够达到锻炼学生身心素质的目的，同时又不能简单地采用一刀切的方法，要针对不同的班级和学生群体给予适时、适量的训练任务。 **参与性原则：** 本课程的第一宗旨是促进所有学生身心健康发展，不是为了选拔和评比，而且，课程的授课方式多以活动训练等为主要内容，因此，全体学生活动的参与性是课堂教学质量的重要保证。 **灵活开放性原则：** 教学是一种实践活动，那么在不断的实践中就会产生这样或那样的需求，需要及时进行更新和完善。篮球校本课程教学更是这样，作为一门学校内部开发的课程，它更需要实践的检验，需要基于实践基础之上的进一步提升和飞跃。 **教学方法：** **讲授法：** 讲授法主要运用在篮球基本知识介绍部分，尤其是运用在室内上课的时间。篮球作为一项全民运动，拥有着非常丰富的历史，其间也蕴藏着很多逸闻趣事，这些都是勾连篮球历史很好的片段。在进行讲授的时候，教师应尽量避免长篇大论地阐述，建议增添一些故事或者图片、插图作为点缀，采用一种生动、活泼的教学技术路线。 **活动法：** 活动法是篮球课程最经常运用的方法。室外课的授课形式也为这一方法的运用提供了最为便捷的平台。 **评价法：** 评价法是能有效促进篮球课堂教学高质高效的一种教学方法。它经常与活动法一起使用。结合学生的特点，教师可以适当地引入竞争机制，采用团队或者小组竞赛的方式，利于激活学生学习的热情。 **课时安排：**每班每学期 16 课时，一周一课时。 **场地：**翠微小学篮球场、田径场。

课程评价建议

学生学习评价

篮球校本课程考试占体育课考试的10%20%；

主要包括运动技能、学习态度、情意表现与合作精神等进行综合评价。

对学生的评价主要采取三看：看学生训练的学时总量；看学生在训练过程中的表现、态度等；看学生的训练成果。

(1)校本课程不采用书面考试或考查方法，但要做好考勤记录。

(2)教师根据学生参与学习、实践、探究的态度及在学习过程中的学习成效进行评价，采用“优秀、良好、继续努力”的正面评价形式。

(3)学生成果可通过队内交流、学校比赛等多种形式展示，成绩优秀者可将其成果记入学生学籍档案。

教师教学评价

通过听课，查阅资料，调查访问等形式，对教师进行考核，并记入教师业务档案，主要是通过四看：看学生选择训练的人数；看学生训练过程中的发展程度；看领导、教师、家长对训练的反响；看学生问卷调查的结果。

(1)教师做到“四有”：有计划，有进度、有教案，有对学生的考勤评价记录。

(2)教师要完成周期内规定的教学任务，达到校本课程规定的课时数与教学目标。

(3)任课教师要认真做好教学反思，及时总结经验。

课程建设评价

课程建设评价旨在对课程的执行情况进行分析评估，发现课程建设和实施过程中存在的问题和不足，以及时调整课程内容，改进教学和教学管理，促进课程的不断完善。评价主要采用组内评价、学校评价等形式。

主要包括如下内容：

(1)是否制定相关规范性的文件，包括开发方案、实施计划、教学计划等，以及这些文件是否在实践中不断丰富和完善。

(2)是否完善了相关制度，如听评课制度等，及制度的执行情况。

(3)课程体系、课程结构以及内容在实践中是否逐渐地完善。

(4)教材建设的评价等。

后　记

校本课程是学校特色、教师个性、学生个性的体现，有什么样的教育指导思想，就会相应地设计什么样的课程，开展什么样的教育教学活动，从而达到什么样的教育效果。同时，校本课程也是学校文化建设不可或缺的阵地之一，尤其是在这个文化品位至上的时代，校本课程的建设已经不仅仅是当前新课改的基本需求，更是学校文化深层次变革的必需。

作为北京市海淀区办学规模较大的一所学校，翠微小学拥有着 3500 多名学生，200 多名教师，一校四址。对于这样一所大校，如何通过加强校本课程建设，促进学生全面、个性、和谐的发展，促进学校特色文化的建设？几年来，我们在“构建现代课程体系，改革小学育人模式”方面做了积极探索，秉承“个性教育”与“适度教育”的原则，规范而富有创新地进行校本课程开发。在开发策略上，我们采取“整体推进、分层实施、点上深入”的策略。“整体推进”做到“全员参与、个性发展、百花齐放”；“分层实施”则从学校师资水平出发，设置了内容丰富的三个层次的校本课程，供全体学生选择。第一层次校本课程作为学校特色，有很强的专业教师指导；第二层次校本课程作为学校潜在优势，有较强的师资，需要扶植与提升；第三层次校本课程是学科拓展，一般教师用心钻研，能够执教。“点上深入”做到“独树一帜、富有创新、凸显特色”。这个“点”落在了第一层次校本课程建设上。主要是绿色民艺课程，如面塑、民乐，还有绿色健康课程；如篮球、乒乓球等，它们由最初几个人的兴趣小组，到年级的特色展示，再到学校的校本课程，经历了近十年的发展、改进、完善，对学校的特色发展起到举足轻重的作用。

梳理了多年的积累，我们制定了校本开发方案和课程实施纲要，着手教师用书的编写。由开发到完善，它注定要走过一段艰辛的路程，注定遇到诸多困难，注定遭遇多次反复，成型的篇章结构多次调整，重新组合，已有的教案反复修改，图片不断筛选，好中选优，诸多教师经过一年的不懈努力，完成稿件的反复修改。可以说，一本教师用书的编写凝聚了诸多人的心血和智慧，它承载着“培养明德笃行的阳光少年”的责任与使命！它充分体现翠微教师“明德至翠，笃行于微”的翠微品质！

感谢诸多参与者辛勤的付出！祝愿我们的教师在课程建设的道路上不断得到专业化发展！祝愿我们的翠微小学培养出更多富有个性与发展能力的孩子！

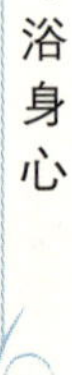